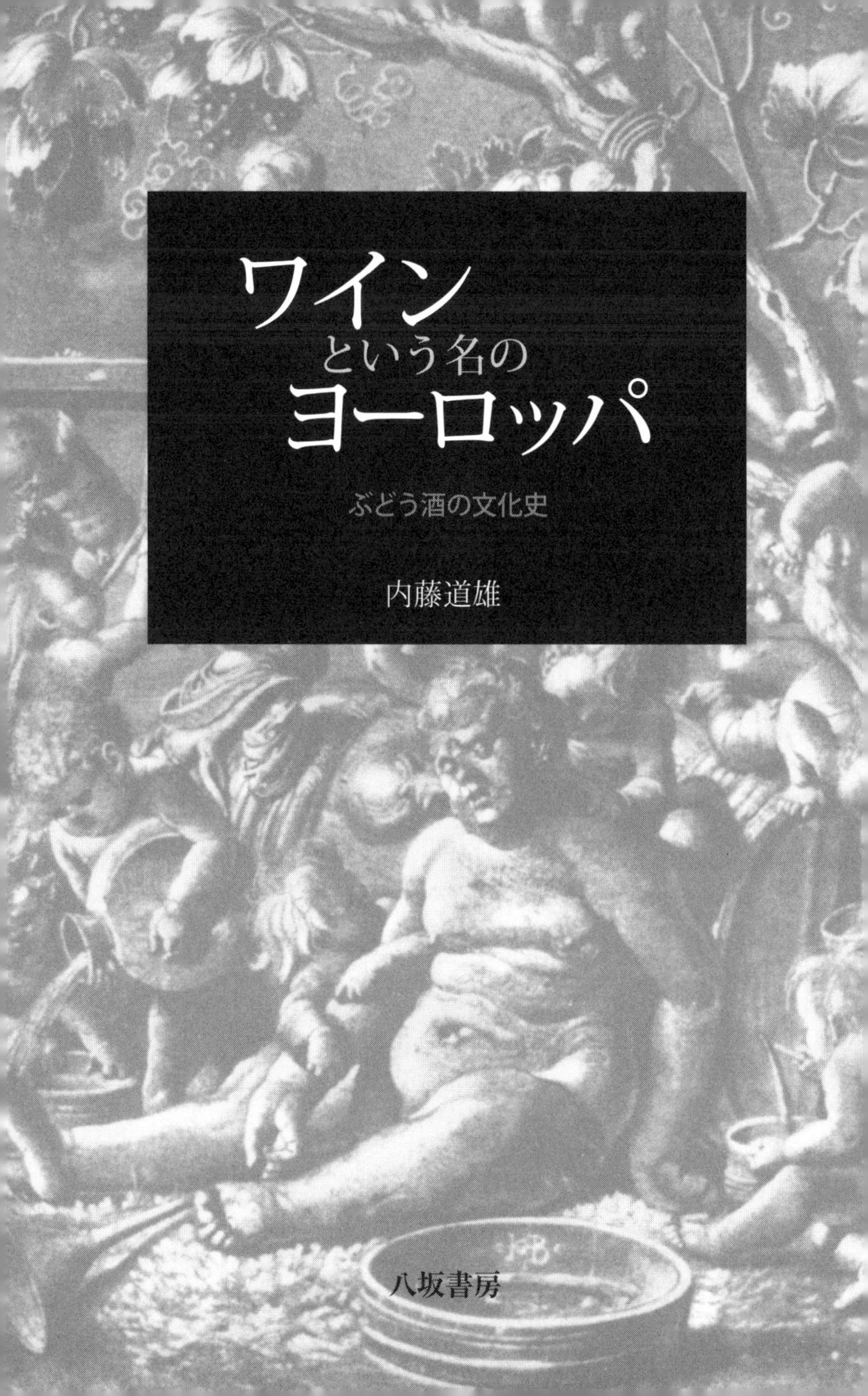

ワインという名のヨーロッパ

ぶどう酒の文化史

内藤道雄

八坂書房

【扉図版】
《酔いつぶれたバッカス》
ハンス・バルドゥング・グリーン、1510年

ワインという名のヨーロッパ

目次

第Ⅴ章　ワインと修道院、あるいはブルゴーニュの場合……………163

はじめに

ワインといえば、だれもがたいていまずフランスを念頭にうかべるだろう。たしかにフランスはヨーロッパでも最大のワイン産出国であり、一人当たりのワイン消費量もぬきんでていて、日本人一人当たりの約二八倍だという。[1]そうしてフランスワインといえば、いささかのワイン通ならブルゴーニュとかボルドーの地区名、村名、銘醸畑やシャトー名などのいくつかはすぐ口をついて出てくるにちがいない。なぜこれほどフランスワインが世界的に有名なのかというと、ごく最近のドイツのあるワイン入門書にも「フランスの大地はワインに最高の地」と書かれているように、フランスの自然や風土がぶどう栽培に適しているからだというのがよく聞かされる解説である。ソムリエなどはブルゴーニュやボルドーのテロワールということをしきりと口にする。

ぶどう栽培に関するテロワール（terroir）とは、ある地方の気象条件、畑の土壌構造などを総合したもの、いうならば自然の賜物の意味らしいが、もしそうであるならば、たとえばイタリアの方が、じっさいすべての州でぶどうの栽培が可能なように、地中海性の温暖な気候、豊かな陽光、丘陵地の地勢の水はけ、土壌条件などはるかに恵まれているはずであり、それにぶどうの歴史だってフランスよりはるかに古い。イタリアのワインのほうにもっと伝統の厚みや深みがあってよさそうではないか、という素朴な疑念がわいてくるが、現実にイタリア各地のワインの存在価値が注目されるようになったのは二十世紀も後半になってからである。イタリアを引きあいにだすまでもなく、「ワインに最高の地」だという同じフランスのなかでも、気象条件の厳しい北のブルゴーニュより南フランスのプロヴァンスの方が恵まれているはずである。にもかかわらず、なぜ北のほうが高級ワインを産出してきたのであろうか。

この疑問に対する正しい答えを見いだすには、自然や風土というより、人間がそれだけの努力をかさねてきた結果ではないのか、ということを考えてみるべきであろう。人間が自分たちの居住する土地の自然環境と最終的な協調関係を見いだすまでぶどうの品種を改良し、栽培方法を改善し、醸造技術を高め、すぐれたワインを産出するにいたったのだろうと考えるほうが理屈にあうだろうし、さらにはこの努力を助長する歴史的な条件があったのではないか、と視野を広げてみるべきだろう。

ブルゴーニュよりさらに北方のドイツのラインやモーゼルの個性的なワインについても、やはりこれまで説かれてきたのは、川に面した南斜面の日当たりだとか川面からの光の反射だとか、またはこの地方の粘板岩、火山岩の風化した土壌の良さとかいった気象条件や地質である。しかしそれだけのことなのであれば、ライン河よりずっと南方のボーデン湖の湖畔の南斜面とか、さらに南のスイスのレマン湖の湖畔のほうがはるかにぶどう栽培に好適なはずだし、じじつこの地域にも古くからぶどうは栽培されていた。しかしここには歴史的に有名な銘醸畑は生まれてこなかった。なぜなのか。さらにいうと、ライン河畔でも、中世には、ぶどうの栽培されていたのは右岸の南斜面だけではない。ライン観光で有名なローレライの対岸の北斜面でもぶどう栽培が盛んであった。ハイネの『バッハラハ物語』やブレンターノの詩で有名なバッハラハの町はワイン取引で大いに栄えたものである。これは日当たりや川面の光の反射では説明のつかない歴史である。

こうした疑念は、じつは当のフランスでもワイン文化の歴史的考察にくみあげられるようになっている。そのきっかけのひとつになったのは、おそらく一九七六年の事件だったのだろう。この年パリでワインのテイスティングの会が催され、自称、他称一流の鑑定家たちにボルドーやブルゴーニュの特定畑の吟醸ワインとカリフォルニア産の赤白とりまぜて、いうまでもなく銘柄をかくしたまま鑑定させ、順位をつけさせたところ、赤も白も一位はカリフォルニア産という結果になったのである。憤慨したフランスのワイン関係者たちは鑑定家たちを口汚くこきおろしたというが、これは銘醸畑に関するテロワール伝説を台なしにしてしまう事件であった。ジャン＝R・ピットが面白い比喩を用いて、いまなおテロワール幻想を抱いている者たちを揶揄している。

「偉大なヴァイオリニストが、ベートーヴェンのヴァイオリン協奏曲を演奏して、自分の才能に由来するのは一〇％。残り九〇％は愛用のストラディヴァリウスのおかげですと主張することなど、誰に想像できよう？」（大友竜訳）この揶揄的な疑問文をさらにもじって、もし名器ストラディヴァリウスがヴァイオリンの名演奏の九〇％も決定づけるとなれば、この楽器を持っていないヴァイオリニストは精進の甲斐はなく、コンクールに出場しても空しいという理屈になるが、コンクールに出場するヴァイオリニストの楽器を調べるようなばかな審査員はいないし、ストラディヴァリウスだって天の贈り物ではなく、所詮人間の制作した楽器なのである、といってもよいだろう。こうしたごく当たり前な反省がワイン鑑定やワインの歴史的考察にも生じてきているのである。

話が本書の表題からいささか脱線してしまうようだが、ビールほどではないにしても、いまはワインの脱ヨーロッパ化が進んでいて、世界各地でヨーロッパに決して劣らないワインが産出されるようになっている。一九七六年に、ブルゴーニュやボルドーの鼻をあかしたカリフォルニアだけではない。オーストラリア、ニュージーランド、チリといった南半球の国々でもすぐれたワインを、しかもはるかに安価で売り出している。はじめはフランスなどからぶどうを移植して始めたものであっても、それぞれにその土地の土質、気象、風土、栽培品種の改良、醸造技術の研究などの苦労や工夫をかさねた結果、たとえば白ならニュージーランドのソーヴィニヨン・ブラン種という愛好家が見られるようになったほど、良質のワインを産出するようになっている。[2] しかもいまや伝統的な格式などに関係のないこれらの国々の「新世界のワイン」がヨーロッパ市場にさえ進出して、ヨーロッパ連合ではぶどう畑の減反を考慮しなくてはならない事態にまで追いこまれ、とくにフランスのワイン産業は危機的な状況に陥っているほどなのである。[3]

ところがじつはそのフランスだって、この「新世界のワイン」と似たような、いやそれ以上何倍もの苦労のはるかに長い歴史を歩んできているのである。フランスがまだ古代ローマの属州ガリアであった時代、小アジア、ギリシアやイタリア半島の品種を移植し、ボルドー地方でもローヌ地方でもそれぞれに品種改良をくり返し、ようやくワイン醸造を可能にした当初は、古代ローマのワイン通には見向きもされなかったのに、それから約百年後には、ローマに逆輸出するようになって本国のぶどう農園経営者たちをあわてさせ、皇帝までのりだしてくるといった歴史をはるか昔に歩んでいるのである。ぶどうの木の環境順応力には驚くべきものがあり、環境が悪ければ突然変異を起こしてでも生きのびようとするほど生命力の強い植物ではあるが、移植しただけでりっぱに飲めるワインの搾れるような良い実を稔らせる木に育つわけではない。新しい土地の土壌や気象環境によりよく適応するものを選択淘汰したり、接ぎ木などによる人工的な品種改良をくり返すという苦労を重ねなくてはならないのである。

ここであらためて、同じフランスのなかでも南フランスの丘陵ではなく、自然条件のきびしい北のブルゴーニュとか大西洋側のボルドーに、またドイツでも南のボーデン湖畔ではなく北のライン河畔のほうになぜ銘醸畑が生まれたのかという疑問をとりあげてみよう。考えられるのは、ここではそれだけの努力や苦労のしがいがあったからではないのか、ということである。ワイン産業によって栄えた地域には、人間の営為努力を助長する何らかの好条件がそなわっていたのではないか、と考えてみるべきであろう。ワイン産業も、たとえば現代の車製造と同じように根本は営利行為であった、とすれば、ぶどう畑を開拓する土地は利益をあげるに好適と判断される立地条件をみたしていたにちがいない。フランスにしてもドイツにしても伝統的な銘醸地の存在は大西洋へ注ぐ河川の流域に集中している。モーゼル河流域のひとつまちがえば足を踏みはずして転落死しかねないような、いやじっさいに転落死したぶどう農夫がいたにちがいないような急斜面にぶどう畑がはりついている理由は、テロワールではとても説明がつかない。ヨーロッパのワインはヨーロッパの自然や土壌のみならず、むしろヨーロッパの人間の歴史に、それも食卓文化とか生活文化といった次元をはるかに越えて、複雑にむすびついていたにちがいないということを考えてみなければならないと思う。

歴史というと、当然ながら宗教をまず視野に入れなければならないが、ヨーロッパの宗教といえばキリスト教であり、しかもキリスト教の典礼にワインの欠かせないことは、キリスト教信者でなくても広く知られていることだが、しかしキリスト教のヨーロッパは中世以後の世界である。

私たちが普通にヨーロッパと呼んでいる世界は、じつは古代ギリシア人や古代ローマ人にとっては、ワインとオリーブの生育する自分たちの文明世界の境域外にある未知の蛮族の世界領域だったのである。といっても現代ヨーロッパは古代地中海世界と別に出現した世界ではなく、この古代地中海世界なくしてはありえなかったのであり、だからヨーロッパ文明の源泉を古代ギリシアに求めるのは、いわば常識となっている。ワインに関しても、フランスワインの碩学ロジェ・ディオンなども、「ワインをこの世でもっとも貴重な恵みとし、芸術や文芸においても宗教思想においてもぶどうを讃える文化が、ギリシア人からローマ人へ、そしてローマ人からわれわれへと伝えられた」(福田育弘他訳)と述べているし、ぶどう畑の豊かなネッカー河畔に生まれ育ったドイツの詩人ヘルダリーンも、讃歌『まるで祝日のように……』のなかで、ギリシア神話のワインの神ディオニュソスを「詩人たちの伝えるように、セメレーは神の姿を／あからさまに見たいと熱望したため／神の稲妻が彼女の居所に落ち／神に打たれた産みの母は嵐を結実」したなどと、古代ギリシアを夢想し、ヨーロッパ文化の源泉に思いをはせている。

しかしながら、このフランスワインの歴史に関して碩学の学者の見解もドイツの詩人のギリシア夢想も、歴史現実的には正鵠を射たものではない。というのは、このインド・ヨーロッパ語系のギリシア語族がまだ定住地をもたずに放浪していた頃すでに、レヴァント地方[4]やクレタ島には古代地中海文明が形成されていたのである。古代ギリシア以前すでに、「ワインをこの世でもっとも貴重な恵みとし、芸術や文芸においても宗教思想においてもぶどうを讃える文化」が存在していたのである。ギリシアのワインの神ディオニュソス（古代ローマのバッコス）もまた、古代ギリシア文明形成以前のワイン文化の神々が、ギリシア神話のなかで主神ゼウスの息子という形に習合されたものであり、ヨーロッパの文化の前史はギリシア以前の文明にまでさかのぼっているのである。したがってワイン文化もギリシア以前にまでさかのぼって観察しなくてはならない。いうまでもなくワインが、ヨーロッパ文化とは何か、という問いを考察する場合のすべてになるわけではないが、一つの重要なキーワードではあるだろう。ワインの名のもとに、ヨーロッパの歴史を一度見直してみよう。ワイングラスの中から、これまで見えていなかったヨーロッパの顔が浮かびあがってくるにちがいない。

註

（1）　二〇〇三年の世界のワイン消費量は二九億二〇〇〇万リットルのフランスが世界最高であるが、現在フランス人のワインの消費量は、若い世代がとくに、年々減っているという。アメリカ人のワイン消費量が増加しているのと好対照をなしている。一九九九年の調査によれば、一人当たり年間消費量はフランスが五八・七〇リットル、イタリアが五四・一五リットル、ドイツが二三・〇〇リットル、ちなみに日本ではかなりワインが飲まれるようになったといっても二・五〇リットルである。

（2）気候が似ているからといってヨーロッパ品種を移植して、すぐそのままうまくできたわけではない。新大陸にはまず宣教師がヨーロッパ品種をもちこんだ。いろいろもちこんだが生き残ったのは一品種だけだったという。その生き残りがカリフォルニアでミッション種と名づけられ、チリではパイスと呼ばれる品種になり、アルゼンチンでクリオージャと呼ばれた。その後カリフォルニアでは徹底的に土地の科学調査をやってから、あらたにボルドーの品種などを移植している。チリでも、十九世紀にヨーロッパのぶどうの木がフィロキセラ害虫で壊滅状態になる前にあらたに移植された、カベルネ・ソーヴィニヨンやソーヴィニヨン・ブラン種などから現在のものが育成されている。日本では川上善兵衛が、アメリカ系品種ベイリーと播州ぶどう園で育てたマスカット・ハンブルクを交配して日本の気候風土にたえるマスカット・ベイリーAを作り出した。

（3）フランスには一九三五年以来、上質ワインには原産地統制名称（Appellation d'Origine Contrôlée, A.O.C.）をラベルに掲載するというルールがあり、この原産地（Origine）のところに入る名称がボルドーとかブルゴーニュというように範囲の広いものはヴァン・ド・ペイ（地ワイン）クラスで、この名称が地域、地区名、村名、シャトーや特定畑の名称というように狭まってゆくほど高級ワインの肩書になる。地域や畑の固有性、個性を重視する伝統はよいが、いったん最高クラスと限定された銘醸地、銘醸畑が代々この名称特権を主張し、他がどれほど良質ワインを産出しても、この特権が得られないという弊害がある。銘醸畑でも年によって不作はあるのに、ワインほどラベルの名称に味覚が心理的影響を受ける飲み物はないから困ったものである。イタリアもこの原産地の統制名称（Denominazione di Origine Controllata, D.O.C.）による格づけに準じているが、ドイツには原産地統制名称法はなく、モーゼル地方のエゴン・ミュラー、ヨハン・ヨーゼフ・プリュム、シューベルトのように伝統的な家名が商標として商品価格にものをいわせているものもあるが、公式にはこの醸造所もふくめて、どの地域、どの畑であろうと一律に公的審査会で審査し、審査合格番号や肩書きをラベルに掲載する（Qualitätswein mit bestimmter Anbaugebiet, Q.b.A.）ことが定められている。この方が平等で合理的にみえるが、これはこれで畑や醸造所の個性、ワインの味香の個性を無視する画一的な審査だという醸造家の不満の声もある。たとえばラインガウの醸造所ゲオルク・ブロイアーのように、公的審査による品質保証を求めず、ぶどう品種名と、ノネンベルクあるいはベルク・ロットラントといった自家のぶどう畑の名だけを掲載して勝負する若い醸造家たちも出てきている。

（4） イタリア語のレヴァンテ（東方、日の昇るところ）に由来する呼称で、地中海の東沿岸地域、つまり現代のシリアの一部、レバノン、イスラエルを含む地方をさす。一時はエジプト、ギリシアなども含む東地中海諸国を意味する概念として十三世紀頃より使用されていたが現代では地中海東沿岸をさす地理用語。

第Ⅰ章

ワイン発祥の地と地中海世界の幻の文明

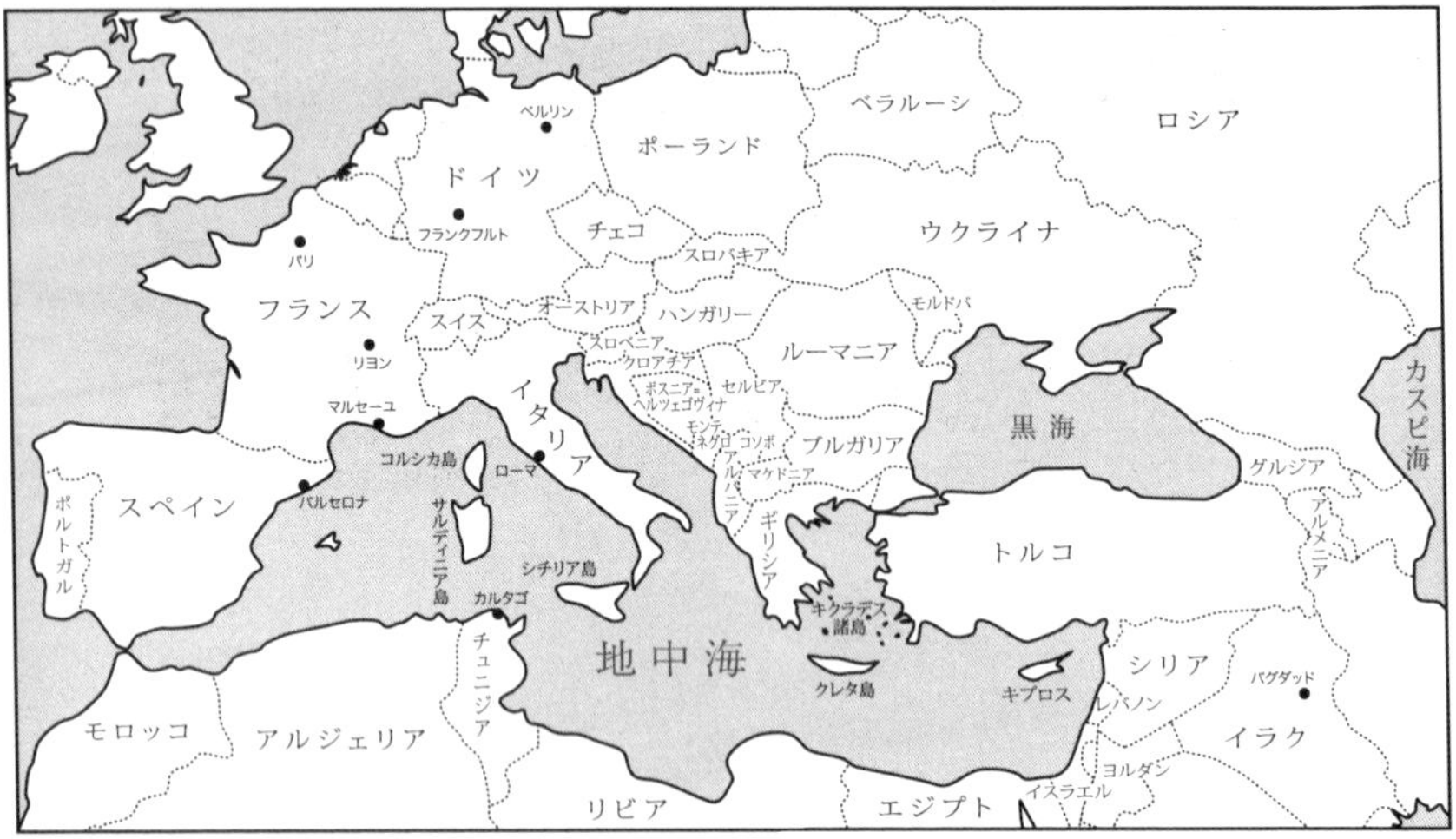

地中海世界略図

【扉図版】
クノッソス宮殿の倉庫跡

ぶどうの木の祖先と分布域

ぶどうはいったいいつ頃から地球上に生育していたのだろうかと、ワイングラスを片手に思いめぐらした人もいると思う。人類より古いのは想像できるが、ではぶどうの祖先に達するには、どれくらい過去をさかのぼればいいのだろうか。先史学とか地質学、古植物学などの専門家たちによれば、ぶどうの木の祖先は六五〇〇万年前くらいまでさかのぼれるというが、その頃の北半球はかなり高緯度まで亜熱帯気候であったから、ヨーロッパ大陸にも亜熱帯性の原始林が広がっていた。この太古の森林のなかに野生ぶどうは繁茂していたのかもしれない(1)。現代の私たちが思い浮かべるぶどうは、ぶどう棚から手をのばせばとどく高さに房が多数ぶらさがっている光景とか、あるいは大人の背丈以下の低木が櫛目のように整列しているフランスやドイツのぶどう畑であるが、太古の野生ぶどうはこういう姿ではなかっただろう。亜熱帯性原始林の高木に、なかには大蛇のようにからみついて、天をめざしていた種類もあったにちがいない(2)。

ところが四〇〇万年前に氷河期が始まった。この氷河時代は二〇回近い間氷期をはさんで四〇

南イタリアにおける牧歌的なぶどう摘みの風景
ヤーコプ・フィリップ・ハッカート画、1783年頃
ケルン、ヴァルラフ・リヒャルツ美術館

〇万年近く続いたために、植物の種類や分布図も大きく変化して、ワインにして飲める種類のぶどうの自生地域は、カスピ海から西ヨーロッパにかけての地中海世界にほぼかぎられることになったという。(3)

先史人とぶどうとの出会い

ホモ・サピエンス新人がアフリカから北上してきたのは三万五千年前の氷河期最後の間氷期だといわれている。(4) 大きくコーカソイド系、モンゴロイド系、ネグロイド系にわかれ、このなかでいちはやく新石器時代に移行したコーカソイド系の諸人種がまず争って定住しようとしたのがカスピ海西南沿岸地域から小アジアにいたる「肥沃な三日月地帯」と呼ばれる丘陵地帯であった。この一帯は自然環境に最も恵まれていたのである。野生の麦や米が自生し、野生の山羊や羊も繁殖していた。丘陵地帯の森には野生ぶどうも繁茂していたにちがいない。

いうまでもなく「肥沃な三日月地帯」以外のヨーロッパ各地にもコーカソイド系の人種は分布していった。旧石器人が野生ぶどうの実をこのんで採集していたことは、各地の住居跡から発掘された化石などで判明している。(5) 男たちは狩りに出かけなくてはならなかったから、植物の実や果実の採集は主に女たちの役目だっただろう。女たちは森へ食用になる木の実や果実の採集にでかけ、ぶどうの房などもいで帰ってきたにちがいない。野生ぶどうのなかには、とても食用にはならない渋いもの、口がひんまがるほど酸っぱいものもあったにちがいないが、甘い実のなる木をみつけたときには縄ばり争いなども演じたかもしれない。しかしこの木も、よじ登れない高所にぶらさがっている房は、栗などのように実が地上に落ちてくるまで待つしかなく、地上に落ちているものも拾い集めたにちがいない。なかにはつぶれている粒もあって、そういうのはその場で口にしただろう。ぶどうは他の果実のように過熟したものがたちまち腐って臭くなるということはなく、つぶれてしまった実でもじゅうぶん食べられるが、ぶどうの実の果皮には特有の酵母菌が付着していて、果皮が破れ果肉の糖分にふれると発酵しはじめる。地上に落ちてつぶれたまま、しばらく時間がたっている実のなかにはすでに発酵をはじめているものもあっただろうから、それをいくつも拾っては食べているうちに、えも言われぬ快い気分になって、さらに食べ、酔いがまわりはじめても、先史人たちは、それが酵母菌の発酵作用によって生じたアルコールのせいだなどと知るよしもない。酵母菌が糖分をアルコールと炭酸ガスにかえるメカニズムをパストゥール(一八二二―九五)があきらかにしたのは、彼らからすれば、それこそ永劫の未来の十九世紀も終わる頃である。先史人たちは酩酊を超地上的な力の働きだと信じたにちがいないが、つぶれた実を食べて酩酊した経験から知恵を得て、もち帰った房の実をわざとつぶしてしばらく放置しておくことを思いつくのに、それほど長い時間はかからなかっただろう。まもなく人類はこのありがたい植物をみずから栽培し、ワインを醸造しはじめたのである。

ワインは神の贈り物

先史人のアルコール体験がぶどうに限らないということは、いわずと知れたことであり、日本には古代から米の酒があった。しかし米酒をはじめとする穀物の酒は、人類に火が自在になる段階になってはじめて本格的な醸造が可能になったのである。米の酒の場合、ぶどうの実ならただつぶすだけでできる原汁（モスト）と同じ状態のモロミ（醪）を得るまでに、かなりの作業が必要である。まず米を蒸さなくてはならない。つまり火と水を使わなくてはならなかった。火や水の使用を可能にする器具や設備が必要であった。穀物はそれ自体で発酵することはない。澱粉を糖分にかえるコウジ（麹）菌の助けをかりなくてはならない。穀物に生えるカビと思われてきた菌である。米酒を醸造するには、まず蒸し米にこのコウジカビを繁殖させる作業からはじめなくてはならない。かびだらけになった飯に水を加えながらねりにねってモロミをつくるのである。こうしてモロミを手にして、これからが醸造なのである。つまり穀物の酒の場合、人間がはじめからかなり手を加えなくてはならなかったわけである。

いや、火など使う以前から酒はつくられていた、と異論はあるだろう。たしかに「噛み酒」というのがあった。アマゾンの先住民は現代なお「噛み酒」をつくると聞いたこともある。じつは酒を醸造することを「醸す」という古来の日本語表現は「噛む」に由来する。旧石器時代の日本人も米を口にいれて咀嚼してから吐きだしたものを発酵させていた。どういうきっかけで、この知恵を身につけたかはわからないが、唾液にはコウジカビが生成するアミラーゼと同じようなプチアリンという糖化酵素が含まれていて、澱粉を糖化するから、米を咀嚼していれば発酵可能な状態になる。ちなみに米を噛むのは処女の役目だったという。ここには何か性的な宗教儀礼のようなものが感じられるが、それはさておき、醸造という点に関してワインと比較すれば、非常に規模の小さなものであったといわねばならないこの「噛み酒」の場合でさえも、やはり人間の側からの働きかけが必要であったわけで、穀物そのものは大地の恵み、自然の恵みだったにしても、これから酒をつくりだすのは、人間みずからの営為だという意識がどこかにひそんでいただろうと思う。これに対してぶどうの場合は、拾ってたべるだけで酔いがまわったのである。良質のぶどうを栽培して高級ワインを醸造する苦労などというのは、はるか後代のいわば別な次元の話であって、まずは実をつぶすだけ、あるいは実がつぶれるだけでワインになった。まさに天の贈り物、神の賜物であり、ぶどうの木は神秘なものに感じられたことだろう。神の木に思えたことだろう。この原始体験こそがワインとむすびついたヨーロッパの宗教文化の特異性の根底にあると思う。

ワインの醸造はいつどこで始まったのか?

先史人が定住生活をはじめるのは、新石器時代に入ってからだといわれているが、コーカソイド系のなかでもこの移行がもっとも早かったと思われる「肥沃な三日月地帯」では、ワインに適したぶどうの品種を選びだし、穀物同様に自分たちの居住地周辺で栽培してワイン醸造をはじめるのも早かった。しかしそれはいつ頃どの辺りであったのだろうか。現グルジア共和国[6]のコーカサス山脈の南麓地帯に醸造跡らしいものが掘りだされ、出土したぶどうの種の化石が放射性炭素年代測定法により、紀元前七〇〇〇年から五〇〇〇年くらいのものであることがつきとめられている。世界四大文明といわれているなかの最古の文明の発祥が前三五〇〇年頃というから、その

グルジアのクヴェヴリ(ワイン貯蔵用の土器)
(写真提供:グルジアワインズジャパン)

何十世紀も前から人類はワインを醸造していたわけである。地中に埋めて圧搾、発酵、貯蔵に使用されたらしい土器（クヴェヴリ）なども発掘され、また墓所跡からぶどうの枝をおさめた前二〇〇〇年頃の銀筒も出土しているのは、ぶどうの木を神聖視していた証拠だといえる。もちろんこれだけで、コーカサスの南麓地帯をワイン発祥の地と断定することはできない。カスピ海以西のイラン高原から小アジアの丘陵地、レヴァント地方、エーゲ海諸島などにはぶどう栽培に関して似た条件が存在していたからである。現トルコの小アジア地方は、国際的協力のもとに考古学的な発掘調査や研究が大々的に進められれば、人類史にとって貴重な資料がもっともっと豊かになるだろうと想像されるのだが、一九六七年にはこの小アジアのアナトリア高原地帯で、前八〇〇〇年頃に溯る石器時代のチャタルヒュユク集落跡が発掘された際に、分娩中の女人祖座像や牡牛の頭部とともに息子をともなう大地母神の壁画が発見された。ひょっとするとここの方がコーカサス山脈の南麓地帯より早くワインの醸造を始めていたかもしれない。

ところがアナトリア地方は前六二〇〇年頃に気象の大激変にみまわれたらしい。集落を形成して定住生活をはじめた頃の先史人たちは、気象の大激変にあうと、なすすべもなく離散移住を余儀なくされた。あるいはふたたび遊牧の移動生活に逆もどりする他なかった。チャタルヒュユク集落もおそらくこの時期に見すてられ廃墟と化し、土に埋もれてしまったのだろう。大干ばつを逃れた小アジアの住民の一部はエーゲ海の島々やイタリア半島、マルタ諸島の方へと新天地を求

女人祖座像
チャタルヒュユク出土
前6000年頃

めて移動していった、ということも大いに考えられる。後述するクレタ島の文明やイタリア半島のエトルリア文明には、小アジアと共通する女神信仰や牡牛崇拝の呪術的供犠の存在した痕跡が残っているからである。

旧約聖書のノアの方舟神話もこうした古代の気象の大激変を伝えている記録である。もっとも旧約聖書の記述はずっと後の世のヘブライ族が、強烈な男性神を信奉する父権制社会を構成してからの時代の記述であるから、洪水神話もすっかり家父長制度的なものに書きかえられているのだが、大洪水を逃れ北上してきたノアの一族が、方舟からおりて最初のぶどう農夫になった土地というのもグルジアの南隣の現アルメニアのアララト山麓であった。ノアは「最初の農夫となり、ぶどう畑

ノアの泥酔
ミケランジェロ、システィナ礼拝堂天井画、1508-12年

を開墾し」て、自前の「ワインを飲んで酔っぱらい、幕屋のなかですっぱだかのまま大の字になって眠りこんだ」（創九・一八以下参照）という。ヘブライ族も新石器時代にこの辺りに定住し、ぶどう栽培、ワイン醸造をはじめていたもののようであるが、族長アブラハムの時代に、せっかくの定住地をみかぎって南下をはじめている。旧約聖書によれば、故郷を棄てよという神の命令にしたがった（同一二章参照）というが、気象の大変動のため遊牧民に逆もどりしたにちがいない。

ワインと大母神、女神信仰

自然のすべてが象徴である先史人の心性には、神的なものや生命を象徴する樹木は、母神と一体化していたとエリアーデも指摘しているように、ぶどう栽培の可能な地域では、ぶどうの木崇拝と母神信仰がむすびついていった。大地母神は、生命を生む母を象徴する女人祖(学名ヴィーナス)の発展形態であり、豊饒、創造、生命の神秘を象徴する女神であった。女が妊娠するには精子が必要だという生理学的、生物学的な知識のなかった先史人にとっては、命を生みだす出産は神秘的な出来事と信じこまれたのである。これは人類史のある時期に生じた現象である。というのは、出産はいうまでもなく人間に限ったことではなく、動植物の本能的な生殖活動の結果であり、生物学的にいえば人間も何ら例外ではない。このことに人間はあらためて気づくことになるのだが、人類がまだ猿人の段階では他の霊長類と同じように、性的衝動や性行為はひたすら生殖のための本能行動であった。しかし他の霊長類との進化の枝分かれがさらに進んで言語を獲得し、もはや動物とは一線を画すにいたった段階のホモ・サピエンスは、霊と肉体を分離したものとして意識するようになり、生死について思念するようになった。この段階になってしばらくの時期は、性行為と命を生む出産とは直接的にはむすびつかない別次元のものになった。しばらくの時期といっても、何千年という時間であり、十年をひと昔と感じる現代人の時間感覚では測れない長年月だが、女が命を生むことは、性行為と別次元の神秘的な出来事とみなされるようになったのである。だから畏敬の念を抱かせるものとして、膣を花(植物の性器)のように広げている女人祖像や分娩中の女人祖像が各地に出現するようになり、この人祖像がやがて大母神へ、万物を創造する大女神へと発展していった。

フェニキアのアスタルテ
ガレーラ出土、前7世紀

一方男の神は、発生期において人間の形姿をとらなかった。狩りに明け暮れる男たちにとっては、恐怖と畏敬の念をいだかせる牡牛のような獣が神の化身であった。[7] またぶどうやオリーブあるいは樫などの特別な樹木も神の象徴となり、雷のような自然現象そのものが男の神の由来であった。男神が人間の姿を見せる最初は主に女神の息子という形をとって出現している。チャタルヒュユクの大地母神の息子の形をとっていたのは、ぶどうの神であったかもしれない。ぶどう栽培の可能な地方に定住した先史人たちは、ぶどうを収穫する季節がめぐってくると、ワインという神の賜物に酔いしれ、恐怖にみちた日々の現実からひととき解放され、瞬間的に神にもなったように感じて踊りはねまわり、なかには憑依状態にいたる者もいたにちがいない。

ぶどう収穫の季節に女神を讃える有頂天が、やがてワインによる法悦状態と一体化したオルギア儀礼(8)となっていったのだろう。ゼウス、ヤハウェのような雷神出身の圧倒的に強大な神が登場する段階にいたるまでは、女神たちが男の神々の上に君臨していたが、この女神たちは部族の次元を越え普遍化していった。代表的なのがキュベレ(9)、アルテミス、アスタルテなどである。

メソポタミアやエジプトのワイン事情

人類の最古の文明は、現イラクのティグリス河、ユーフラテス河流域に前三五〇〇年頃シュメール人が誕生させたメソポタミア文明であるという。だからワイン造りもメソポタミアが最初であるなどと書いている書物もあるが正確ではない。すでに述べたように、ワイン醸造は、文明発祥の何千年も前からはじめられていたのである。それにまた、泥土の堆積した大河流域の低湿地帯にぶどうの木は育たない。歴史時代に入る時期のシュメール人はたしかにもうワインを知ってはいたが、それは交易によるものであり、自分たちが創始したからではない(10)。シュメール人が組織的に醸造をはじめたのは麦のどぶろく(ビール)である。最初はおそらく洪水で水びたしになった麦から生えでたもやしを捨てずに乾燥させておいて、食用の粥にしたものが発酵したのだろう。麦畑には麦特有の酵母菌が浮遊している。澱粉が糖化している麦芽に触れれば発酵をはじめる。

メソポタミア文明よりいくらか遅れて古代エジプト文明が誕生するナイル河北部下流地域の事情

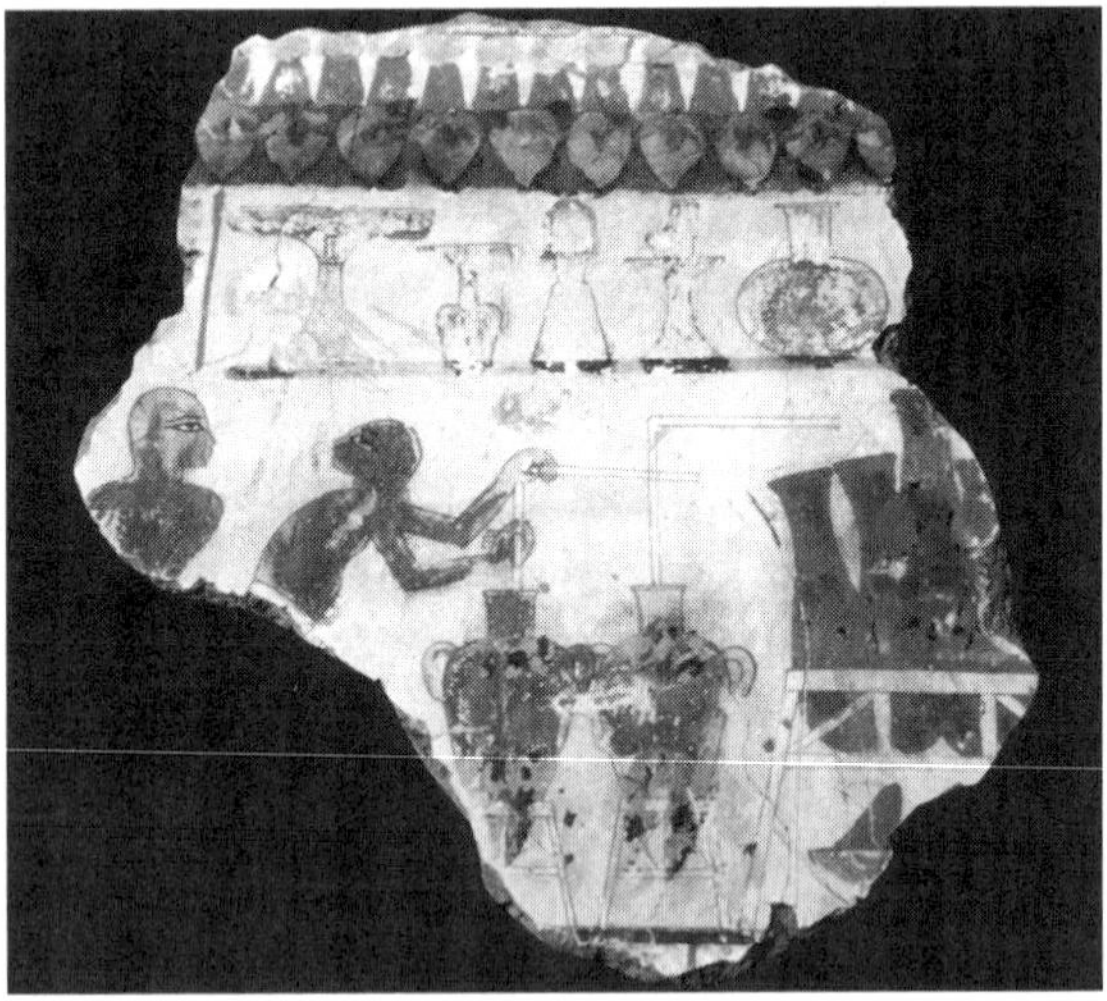

古代エジプトのぶどう摘みとワイン造り
新王国時代の壁画（前15世紀頃）

も似たようなものであっただろう。古代エジプトでも前一四〇〇年頃の王朝時代にはぶどう栽培、ワイン醸造の光景を描いた壁画が墓室の天井などを飾っていて、死者の部屋をぶどうの房で飾るのは、ぶどうの木やワインが死後の世界にも通じる特別なものであったことを意味しており、ワインは祭祀にかかせないものであったことはまちがいないが、エジプトでのぶどう栽培は、ごく限られた地中海沿岸地域にしか可能ではなく、支配層があらゆる機会に消費するワインは、主に交易にたよらなければならなかった。この古代地中海世界における交易やぶどう栽培の普及に大きな役割をはたしたのがフェニキア人であった。[11]

幻の民フェニキア人の文明とワインの普及

レバノン山脈の杉の森林や銅山を背後にしたレヴァント地方には、前三〇〇〇年頃からフェニキア人が定住していた。セム語系のこの種族は、地中海沿岸の入江や河口地域にビュブロス、シドン、テュロスなどの都市国家を形成し、前一五〇〇年から一四〇〇年頃にかけ経済的、文化的に大いに栄えたものであった。彼ら自身の記録はしかし現存しないので、具体的な詳細はわからないが、ぶどう栽培、ワイン醸造の技術も相当に進んでいたようである。[12]自国でも上質ワインを産出していたが、同時にまた他所のワインも交易品にしていた。とくに都市国家テュロスの海上交易による経済活動ははなばなしく、やがては現チュニジアの地に移住した者たちが植民国家カルタゴを建設するのだが、これに対してビュブロスのほうは学術的文化の色合が濃く、女神アスタルテを祀る神殿には、世界最古の図書館が備えられていた。[13] フェニキア・アルファベットの元になる線文字がレヴァント地方に現われるのは前二〇〇〇年頃だと専門家たちは推定しているが、前一〇〇〇年代のビュブロスでは、すでに子音を表現する二十二個のアルファベットが使用されていたという。このフェニキア・アルファベットはまもなく同じセム語族のヘブライ人に伝えられ、[14] 旧約聖書という記録文書を生むことになるが、幻の民と消えたフェニキア人の生活の一端がうかがえるのは、この旧約聖書のおかげでもある。フェニキア文字は同じセム語族に伝えられただけではなかった。地中海世界へも伝播し、ヨーロッパ文明に大きな貢献を果たすことになるのである。前八〇〇年頃にアルファベットを受容したギリシア人が、これに母音文字を加えて独自のギリシア文字へと発展させたからである。「文字の発明は世界史における革命的な一大事件であった。先史の諸文化は文字によって打ち壊され、しかし同時に高度な文化や階級社会といったより複雑な形成物が文字により可能になったのである」と、ハウケ・ブルンクホルストは古代ギリシア、古代ローマを念頭において、こう言っているのだが、フェニキアが地中海世界の革命的変化に大きく貢献していていることを、世界史の記憶によみがえらせなくてはならないと思う。

造船術、航海術にもすぐれていたフェニキア人はかなりの海軍力を擁していたが、基本的には商業民族であり、多面的な経済活動が各都市国家の基盤をなしていた。水平線に巨大な太陽の沈

木材を運ぶフェニキア人たち
コルサバード出土、前8世紀、ルーヴル美術館

む西方へむけ、彼らは鉱物資源を求め、交易の品としてワインやオリーブ油をアンフォーラにつめ、染料や織物、貴金属、羊毛、象牙などとともに船に積みこみ、漕ぎだしていった。交易と同時に植民活動にも熱心で、前九〇〇年、銅など鉱物資源の豊かなキプロスにまず植民して住み着いたのを手はじめに、クレタを経てシチリア、サルディニア、さらにはイビサ、スペイン南部にまで植民活動の場を広げたものであったが、これらの植民先でぶどう栽培を始め、ワインの醸造法を先住民たちにも伝えることによって、フェニキア人は地中海世界に最初にワイン文化を広めたのである。

フェニキアの宗教

フェニキア都市国家の基盤をなすのは商業と女神宗教であった。主神の女神アスタルテは古代オリエントに共通する普遍的な大女神で、アシュトレ、イシュタル、イシスといった別名をもち、地域により性格や権能にちがいもある。フェニキアの女神アスタルテは多産と豊饒のみならず生命を創造し、維持し、破壊してまた創造するという、生死を支配する運命の女神であり、天界に住む死者の霊も司る女神であった[15]。同時にまた性的至福の女神でもあり、アスタルテを祀る神殿の神殿娼婦は多くの男たちと交わり、祝祭の参加者たちはワインを多量に飲み酩酊状態になった。オルギアの秘儀と呼ばれるものである。

フェニキアのアスタルテ
ガト出土、前8−7世紀

都市国家テュロスではアスタルテは男神バールをともなっていた。バールは旧約聖書に邪神としてしばしば言及されているが、自然現象や穀物の死と復活を体現する神であり、後述するギリシア神話のディオニュソスに共通する要素も認められる男神である。先に述べたように、自然現象とか動植物に関連して発生した男神が人間の姿になる最初期は女神の息子という形をとったが、これが成長してやがて配偶者になり、さらに父権制社会時代には女神をその権能の座から蹴落とし、独裁的に君臨するようになるという過程をたどる。そこに至るまでの女神優位時代には、男神はバールのように死んでも女神によって復活すると信仰されていたのである。[16] このようなフェニキアの宗教もまた、彼らの植民活動とともに、地中海世界に伝播し、先々の土着の宗教と混淆していった。

ヘブライ族によるフェニキア滅亡

フェニキア人は都市国家建設以来、陰に陽にエジプトの行政上の介入に甘んじていたが、領土を直接侵害されたのは、まずイスラエルの民によってであった。エジプト脱出後はイスラエルの民と自称したヘブライ族は、神の「約束の地」[17]だという身勝手な理屈を通して、ぶどうの豊かに生育するカナンの地方に侵入してきて、前一二〇〇年頃エルサレムに王国を打ちたてたものである。それでもダビデにつづいてソロモンの時代までは、例外的に(イスラエルの民の神の意に反して)フェニキア都市国家と友好関係をたもって平和に交易していた。ソロモンは大神殿(兼王宮)の建築を思いたったとき、テュロスとシドンの王ヒラム(フラム)に支援を求めたりもしている。[18] ソロモンの求めに、「有能で聡明な男ヒラム＝アビを派遣しましょう。ダンの女の息子で、父親はテュロス出身だが金、銀、青銅、鉄、石材、木材、綴れ織、絹織、染料などをあつかう術を心得ており、どのような彫刻もこなし、任されればいかなる計画でもたてられる才能をもっている。……で、見返りの小麦、大麦、オリーブ油、ワインなどは、この者と同行する家臣たちにお渡しいただきたい。レバノン杉は必要なだけ伐採し、筏に組んでヤフェまで運ばせましょう」(歴下二・

一二―一五）と応じているヒラムの言葉からも、フェニキア都市国家の文明の豊かさがうかがえるが、しかしこの時代以後のイスラエルの民はフェニキアの女神文明を邪悪視し、その官能的な文化を呪いに呪ったものであった。預言者エゼキエルは、フェニキア人の都市王国テュロスを擬人化して、「テュロスよ、お前は〈私はこよなく美しい船〉と誇っている。海の只中こそおまえの領域。……お前の外板はセニルの檜で張られ、帆柱はレバノンの杉……帆はエジプトの麻で色とりどりに織られ」（エゼ二七章参照）ていると叙述しているが、これはほめたのではなく、「ティルスよ、おまえはやがては海の藻屑となるであろう」と呪ったのである。

このようにフェニキアを呪咀したイスラエルの民の記述から、この幻の生活の一端がうかがえるのも皮肉な話である。文字をもちながら、しかしフェニキア人には、地中海古代世界の発展に貢献したみずからの歴史を回顧する時間は与えられなかった。女神の神殿は一神教徒のイスラエルの民[19]に邪教の本山として破壊しつくされ、ついでアッシリア、バビロニア、ペルシアなどに征服、蹂躙されて、ビュブロスの神殿も図書館も跡形なくなり、フェニキア語そのものの記録文書も文学も、発掘された碑文など以外はすべて失われてしまったのである。

もともと内陸からの脅威を感じ、海に活路を求めたフェニキア人に、地中海もまたいつまでも平和な活動の場ではなかった。厄介な縄ばり争いの相手が出現してきたからである。新興のギリシア人であった。フェニキアの都市国家連合が繁栄していた前一五〇〇年頃の最初期のギリシア語族イオニア人は、フェニキアの沿岸を荒らす倭寇のような海賊行為をくりかえす蛮族であったが、やがてペロポネソス半島に定住するとフェニキアと交易し、文字も受容したのみならず、都市国家形成や地中海への植民活動も負けじと後を追いかけ、フェニキアの縄ばりを侵すまでに発展したのであった。ヨーロッパ文化の源泉のように見なされる古代ギリシアは、フェニキア人には恐るべき新興国だったのである。

地中海世界もうひとつの幻の民

ギリシア語族が文明を形成する以前に、同じように幻の民として歴史から姿を消す運命にあった文明がある。フェニキア人が地中海交易の中継基地に利用したクレタ島に繁栄していた文明である。おそらく前述アナトリア地方から気象大変動の時期に移住してきたセム語系族が、フェニキアの繁栄していたのとほぼ同じ頃か、これよりいくらか早い前一六〇〇年頃に宮殿国家を形成したと思われる。海軍力を擁するフェニキアがキプロスやクレタを制覇することもなく、平和に共存していたというのは、古代世界の歴史に希有なことであるが、鉱物資源のないクレタ島に青銅器文明が存在していたのは、この島がアナトリア、レヴァント、エジプトなどと深いつながりをもっていた証拠であろう。

クレタ島の上質ワイン

一般に伝説の王ミノスの名をとってミノア文明と呼ばれているこの文明も、とにかく幻と化したため詳しいことはわからないが、良質のワインを産出する島という古代ローマ時代の記録から、土地のやせた山岳地帯の多いクレタ島に栄えたこの文明は、ぶどう栽培に関しても重要なことを最初に証明してみせたといってよいだろう。それは、気象条件がよく水はけさえよければ、ぶどうはやせた土地のほうがかえって良質の実をむすぶということである。この植物は根が驚くほど生命力をもっていて、水分がたりなければどこまでも地下へのびて行き、深い地層のミネラルをふくんだ水分を吸いあげてくる。土地がやせていれば房をへらし、乾いていれば根をのばすのである。もちろんこの植物だって、やせた石ころだらけなところより、肥沃な地のほうがよほど勢いよく繁茂し、実も沢山つける。ただ、房が多ければそれだけ粒ひとつひとつの味は薄くなる。こういうことを、クレタ島のぶどう栽培は証明してみせたわけである。

ぶどうの木は前三〇〇〇年頃にセム族がもちこんだのか、島に自生していた野生種を栽培品種化したのかはわからないが、後代のプリニウスがほめているように、クレタのぶどう栽培や醸造の技術は進んでいた。干しぶどう化したものを醸造するという方法のみならず、まだ木にぶらさがっている房の茎をねじって樹液をとめ、実がしぼみはじめるのを待って収穫するという方法も考えだしていたという。どれほど発酵させてもワインのアルコール度は一五度以上にはあがらない。酵母菌が死んでしまうからである。しかし糖度の高い濃密なものはつくれる。発酵のメカニズムはまだ知らなくても、甘いぶどうの実ほど芳醇なものができるということを、経験から学んだのであろう。[20] ミノア文明の特徴のひとつに精巧な装飾品や金属製品があるが、これらはワインやオリーブ油などとともに、大陸の諸国へ輸出もされていたらしく、小アジアなどで同種のものが発掘されている。しかし原料の金属や大理石などをミノア人は輸入しなくてはならなかった。この仲介交易にもフェニキア人が従事していたのである。

ミノア文明の女神信仰とワイン

ぶどうはミノア文明にとっても宗教的にきわめて重要な植物であり、オリーブの木とともに女神信仰と一体化していた。この女神信仰と、広く小アジア、オリエント、エジプト、ギリシアなどの古代宗教に共通していた牡牛崇拝が宗教思想の中核をなしていたのであるが、ミノア文明に独特なのは、牡牛とワインがむすびついていたことである。「ある種の宮殿では豪華な葡萄酒の容器を作製して使っている場合もあり、とりわけ葡萄酒を用いる大規模な儀式のための巨大なリュトン、つまり人工的に作られた角杯の使用は、それだけいっそう目を見張らせる印象がある」(岡田素之訳)とケレーニイが報告しているように、牡牛はワインを恵む動物とみなす儀礼が行なわれていたようである。クノッソス宮殿跡からまた、蛇を体中に巻きつかせた女神像や蛇を両手

蛇をもつ女神官像
クノッソス出土、前16世紀、イラクレオン考古学博物館

に持つ女神官像が発掘されているのは、ミノアの女神に地母神、大母神の原始的性格が強く残っていたことを示唆していると思う。ミノア文明もまた女神と女神官たちの司る母権制社会であった。宮殿建設以前から洞窟などに聖域がもうけられ、女神を象徴する木のまわりに集まった者たちは、ケシの実（アヘン）とワインによって酩酊状態になった。酩酊することによって神と一体化する古代の儀礼である。憑依状態となった女神官（巫女）を通して女神が人間に語りかけるという信仰もおそらく生きていたのだろう。クノッソスの宮殿（神殿）跡からは、祭祀に使用された人身御供を捧げるための祭壇や斧と同時にワインの金杯、銀杯など多数の食器や道具も発掘されている。原始

ミノア文明の牡牛儀礼
ハギア・トリアダ出土、前14世紀、イラクレオン考古学博物館

的大母神信仰の強かったミノア文明では、まだ少年が人身御供にされていたようである。(21)

ところが前一五〇〇年頃、このクレタ島から百キロほどしか離れていないサントリーニ島（ティラ島）の火山が大噴火した。ポンペイの町を一夜にして滅亡させたヴェスヴィオス火山の噴火は歴史的に有名であるが、サントリーニ島の火山の大噴火はその数十倍もの規模のすさまじいものであった。島の形を一変させた天変地異であった。鉄分をふくんだ地下ガスが噴出し、溶岩の降り注いだ湖水は血のように赤くなったと想像されている。エジプトでも地中海沿岸地域は大混乱に陥り、半奴隷状態を強いられていたヘブライ族はこれを千載一遇のチャンスと集団脱出したのであるが、クレタ島の被害はまさに世界終末的なものであった。降り注ぐ火山岩や火山灰につづく大地震により宮殿は崩壊し、島は荒れはてた。

住民が心神喪失状態に陥っているところへしかも、ギリシア語族アカイア人が船団を組んで侵攻してきた。こうして古代ミノア文明は滅亡させられ、これまた幻と化したのである。ちなみにミノア人はエジプトのヒエログリフをまねた絵文字を使用すると同時に、フェニキア文字に似た線文字も使用していたことが、発掘された粘土板から判明している。しかし完全な解読にはいたっていない。(22)

註

(1) 北フランスのシャンパーニュ地方のセザンヌの第三紀凝灰層から一八八〇年、ぶどうの枝葉の化石が発見され、博物学者サポルタによってヴィティス・セザンネンシスと命名された当時は、ブルゴーニュの現ピノ種の最古の祖先のように早合点されたが、じつは、もはやヨーロッパ大陸からは消滅した亜熱帯性植物系のものであった。

(2) 古代ローマの博物誌編者プリニウス(二三—七九)が、カンパニア地方ではポプラの高木に巻きついているぶどうの木の房をつみとる人夫たちに、転落死した場合の葬式代が保証されていたとか、小アジアのエフェソの女神ディアナ(アルテミス)神殿の屋上に昇る階段の建築材にキプロス産の野生ぶどうの幹が使われていたなどと記述しているのをみても、古代の野生ぶどうの木は大木だったと想像される。

(3) 現在無数にあるヨーロッパ系品種の元祖とされるワイン生産可能な原種の学名をヴィティス・ヴィニフェラ(*Vitis vinifera*)というが、南フランスのスペインとの国境に近いモンペリエ近郊やイタリアのトスカーナ地方の第四紀層からヴィティス・ヴィニフェラの化石が確認されている。現代、ワイン用ぶどうの栽培に適した地帯（ワインベルト）は北緯三〇度から北緯五〇度までの大陸の西側、つまりカスピ海以西のヨーロッパと北米大陸のカリフォルニアである。もっとも現代ではヨーロッパ種を移植した南半球でも、南緯三〇度から南緯四五度の間をワインベルトと呼んでいるが、南半球には野生ぶどうの痕跡はない。アジア系野生ぶどうの醸造は中国の古代に試みられたようであるが、ヴィティス・ヴィニフェラと認められてはいない。北アメリカの野生ぶどうはヴィティス・ラブルスカと名づけられ、狐の体臭を思わせるとして、ヨーロッパでは問題にされず、十九世紀に害虫フィロキセラのおかげで、ヨーロッパのぶどう畑が壊滅状態の危機に陥ったときに、台木に利用されただけであるが、一九六〇年代はじめまで日本のワインの主流だった赤玉ポートワインなどに使用されていたコンコード種は、このヴィティス・ラブルスカ系統の品種だという。最近はポリフェノールが豊かだといってコンコード種のぶどうジュースが人気になっている。

（4） スペインの北部アタプエルカの洞窟で発見された約一一〇—一二〇万年前の人骨（下顎の化石）がヨーロッパ最古の人類ホモ・アンテセッソールとみなされているが、このように、ホモ・サピエンス新人より以前にアフリカから北上していた人類もいて、原人（ホモ・エレクトゥス）やホモ・サピエンス旧人（ネアンデルタール人など）であった。ホモ・サピエンス旧人は、約二〇万年前までユーラシア大陸に分布していたというが、いずれも地球環境の大変動に対処できず絶滅している。

（5） ジュネーブに近いアヌシー湖の湖底の累積層から発掘された旧石器人の食物の残り滓のなかに、ぶどうの種が多数含まれていたという。あるいはまた北イタリアのポー河流域の青銅器時代の住居跡からも、食用に採集した野生ぶどうの実の種や、ワインを絞ったあとの滓ではないかと思われる塊が発掘されている。

（6） カスピ海と黒海にはさまれたこの地域は、古代より多種多様な民族が交流あるいは衝突をくり返してきたが、一八〇一年にロシアに征服され、つづいてソ連邦に併合され、そのソ連邦の崩壊によりようやく最終的な独立をはたしたものの、いまなお民族対立により、ヨーロッパの火種となっている。ワイン産業に関しては、自分たちの国こそワイン発祥の地だと自負し、生産に力をいれている。ワイン(Vino, Vin, Wein, Wine)の語源はグルジア語のGvinoに由来するという説もある。この国の代表的な赤の甘口のサペラヴィ種は、土着の古いものと宣伝されているが、サペラヴィ種がどのくらいの歴史の古いものかはさだかではない。

(7) 牡牛崇拝者たちには、この獣の生肉を食い、その血で身を清める供犠が重要なものになった。旧約の民がエジプト脱出成功を記念する祭祀など、このよい例である。

(8) 現代ではフランス語のオルジーもドイツ語のオルギーも、放埒ならんちき騒ぎくらいの意味でしかないが、本来はワインの神崇拝の秘教儀式を意味するギリシア語であった。

(9) 小アジアの北西部には、前二〇〇〇年頃にはインド=ヨーロッパ語系のフリュギア人が王国を建設している。彼らの主神は太母神キュベレであった。キュベレはすべての男神の母とされる創造神であった。キュベレ崇拝はキュベレの生け贄として死ぬ牡牛の血を浴びる儀式をともなっていた。フリュギア人は前七世紀にリュディア人に征服される。この頃すでに古代ギリシア文明が形成されていて、フリュギアの王はワインと関連してギリシア神話に登場することになる。

(10) 人類最古の叙事文学といわれるバビロニアのギルガメシュ叙事詩の主人公ギルガメシュは友エンキドゥに死なれ、死の不安に取り憑かれ、不死の国を求めて旅にでる。北風の吹く山を越え、ようやく海辺(おそらくカスピ海)に出て、「刺[草や刺薮]や茨の全体がみえるようになると、それ[ら]は紅玉髄の実をつけ、葡萄の房をたわわにし、眺めるに美しかった」(月本昭男訳)というように、旅に出てはじめてぶどうの木を見ているのである。ちなみにイラン西部のザグロス山地で前五五〇〇年頃にはぶどう栽培が行なわれていた証拠になる出土品があるという。

(11) フェニキアというのはギリシア人による名称で、同じ北西セム語系のヘブライ族はイスラエルの民はカナン人とかシドン人と呼んでいた。後の古代ローマ人はカルタゴのフェニキア人をポエニ人と呼んでいるが、この幻の民が何と自称していたかは不明。

(12) 前八世紀の旧約の預言者ホセアがレバノンのワインを栄光の比喩に用いている。異教文化に魅入られた民に「イスラエルよ、主のもとに立ち帰れ」と呼ばわる預言者には矛盾した言辞だが、それが逆に、この地方のワインがいかに重宝がられていたかを示唆している。フェニキア人は自前のワインも輸出していたが、また「……ヘルボンのワインと羊毛を運んできた」(エゼ二七・一八)と別の預言者が証言しているように、現シリアのダマスクスの北方のハルノウンにも良いワインが生産されていたようである。

(13) ビュブロスの港から輸出される良質パピルスをギリシア人が単にビュブロスと呼びならわしたため、ビュブロスは書誌を意味するビブロンというギリシア語となり、聖書の意味にもなって現代に伝わっている。たとえば聖書のドイツ語ビーベル(Bibel)、図書に関する合成語の頭綴りのビブリオ……(図書館=ビブリオテーク)にも、幻の民フェニキアの名残が認められる。

(14) フェニキア語は北西セム語群のなかのカナン語系であり、同じ系統のヘブライ語とは近い関係にあったわけだから、文字の受容はごく自然に行なわれただろう。ギリシア人がフェニキア文字を受容し、あらたな母音などを加え、独自のギリシア文字を完成させるまでには、千年余りの時間がかかっている。

(15) 天界の女神でもあったアスタルテは、星を意味するギリシア語のアストロン、ラテン語のアステル、現代イタリア語のアストロとして伝わっており、宇宙飛行士のアストロナウトなど、星、宇宙、天体に関する語の前綴りアストロ……もそうである。ギリシア神話のなかで、このアスタルテの性的な要素を抽出して書きかえたのが性愛と美の女神アフロディテ(ヴィーナス)である。アフロディテという名そのものは女神アスタルテの神殿のあった小アジアの都市名アフロディシアスに由来する。
(16) 死と復活の観念はもともとは植物の一年の周期に由来するが、エジプトの男神オシリスも殺され、妻の女神イシスによって三日後に復活する。ギリシア神話のワインの神ディオニュソスも誕生後すぐ殺されるが、やはり三日後に神々の母レアによって復活する。またディオニュソスをオイノス(ワイン)と呼ぶオルペウス教には、ディオニュソスが殺されるというのは、ぶどうの木が刈り込まれ、剪定されなくては実をむすばないということだという解釈もある。イエス・キリストが死後三日で復活したというのは、キリスト教の根幹であるが、このように復活はキリスト教独自のものではない。
(17) モーセの指令を受けた偵察隊がまずカナンの地に潜入、稔っていたぶどうの木から巨大な房を切り取って、二人がかりで担いで持ち帰っている(民一三章、また本書一〇〇頁の図版も参照)。
(18) 「ソロモンの栄華」という言葉を歴史に残したソロモン王(在位前九六一頃—前九二二頃)は、「シドン人の女神アスタルテにしたがった」(一列一一・五)と旧約の書に記されている。
(19) エジプト脱出成功後、イスラエルの民と自称するようになったヘブライ族も、もともとは他のセム語族と同じように多神教であったのに、いつどのような経過をたどって排他的な激越な一神教徒になっていったのかはさだかではないが、エジプト領内で半奴隷状態にされた苦難の年月の間にヤハウェを唯一解放の神として信奉するようになり、その後荒野を放浪するうちに倫理的にも過激な男神宗教をそだてていったのだろう。また一神教を奉じる民となって、セム語系民族のうちで唯一生存しつづけることができたのかもしれない。
(20) 現代のクレタ島はいうまでもなくギリシアの島であるが、ギリシア最大のワイン・ネゴシアンのブターリ社が「クレティコス」商標のギリシア・ワインを輸出している。クレタ島に所有する畑の火山灰土で栽培する島の古い品種だというコチファリ種とマンディラリア種の混醸のクレティコス赤は、北国のワインのような深みはないが、優雅なアロマ（果実風味）の口当たりよく、ヴィラーナ種を使用したクレティコス白は、林檎のようなアロマがほのかに感じられる地ワインである。

（21）古代民族が生け贄にして神に捧げた小羊は、児童神の身代わりであったというが、この儀礼の記憶は、キリスト教化されたヨーロッパ中世にもなお生き続けている。十字架上で処刑されたイエス・キリストは最期の生け贄となって、みずからを犠牲にすることにより人身御供や聖獣の生け贄に終止符をうったというような神学解釈もあるが、カトリック当局は、クリスマスや復活祭のようにキリスト教神学的に吸収してしまえない異教の儀式は、邪悪な悪魔の祭りとして糾弾、禁止、迫害に力をこめたものであった。幼児を喰うという魔女の饗宴の空想図は、ミノア文明などの女神儀礼を否定的な形で彷彿させるものである。

（22）前二〇〇〇年頃建設されたクノッソス宮殿の遺蹟を発見、ミノア文明の独自性を主張したエヴァンズは、このとき発掘した粘土板に刻まれている文字を線文字A線文字Bに分類したが、それらを解読できないまま他界した。その後考古学者によって線文字Bは、この島を征服し、ミノア文明を滅亡させたギリシア語族のアカイア人のギリシア古文字であることが判明している。ちなみにワインのミノア語イァネは、バーナルによれば、前二〇〇〇年頃の西セム語との関連を示唆する名詞だという。

第Ⅱ章

ワインと古代ギリシア文明

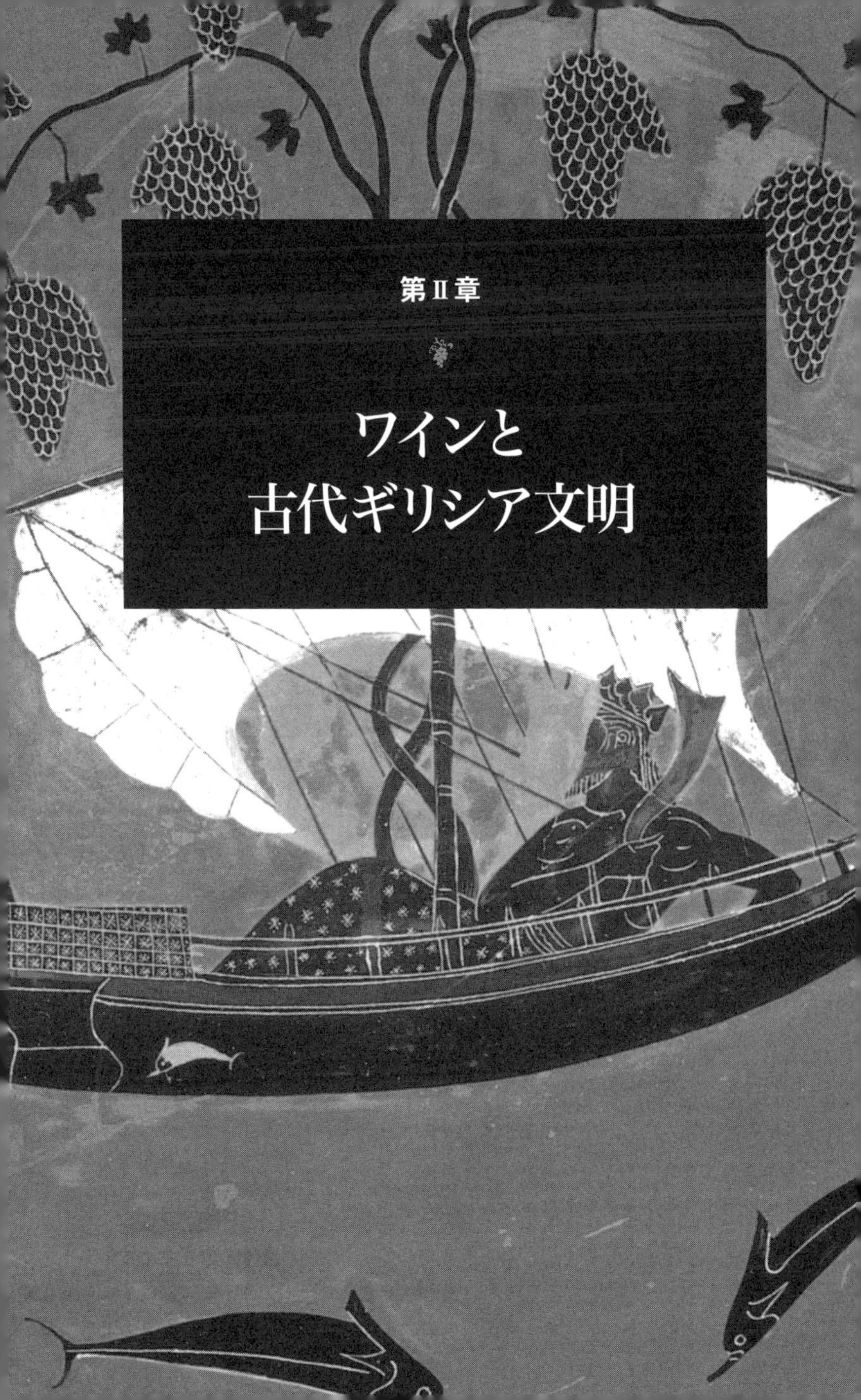

【扉図版】
ディオニュソスの航海（74頁の図版の部分）
前530年頃、ミュンヘン考古博物館

アカイア人のミケーネ文明

クノッソスに宮殿国家が建設され、ミノア文明の繁栄が絶頂に達していた前二〇〇〇年頃、ペロポネソス半島をギリシア語族のアカイア人が南下しはじめていた。平地の少ない半島を選んだのは、肥沃なレヴァント地方にはすでにセム語族が定住していたためか、あるいはエーゲ海に進出する活動拠点になる入江を求めたのか、この半島を南へと移動していた。アカイア人もそれ以前の移動生活時代すでにぶどうやワインの味は知っていたにちがいない。半島に定着するとぶどうやオリーブの栽培をはじめている。穀物に不向きなやせた土地にも、ぶどうやオリーブはよく育つからである。[1]もっとも彼らが本格的なワイン醸造の技術を身につけるのは、ミノアやフェニキアの文明に接触してからであるが、その時は突如やってきた。前一五〇〇年頃、前述のようにサントリーニ島の火山が大噴火したからである。戦闘的なアカイア人はチャンスとばかり、混乱に陥ったクレタ島に船団を組んで押し寄せ、ミノア人の国を占領し、エーゲ海諸島も制圧したのであった。しかし征服した「エテオクレテス人」(クレタ島の住民の意)の先進文明からは、その線文字を学びとるなど、多くの文化的影響を受け、ペロポネソス半島の南部ミケーネに自分たちの新たな文明を形成した。ミケーネを中心に文明を形成したために、歴史書によってはミケーネ人とも記しているが、彼らもまたワインの醸造には熱意をそそいだ。アカイア人の居住したペロポネソス半島の各地に、ワインの貯蔵庫の存在跡が見つかっているが、そういう跡から高さ三メートル、口径一メートルという規模だったのがわかるような巨大なアンフォーラ（ワイン貯蔵用土瓶）の破片が出ているのは、アカイア人が貯蔵にこれが必要になるほど多量のワインを醸造していたことを物語るものであり、おそらく交易目的の醸造を行なっていたのだろう。このワインをどこへ運び、だれと交易していたかなどは不明だが、貯蔵中のワインがしみでないように、この素焼きのアンフォーラの内側に松脂を塗っておくという知恵も働かせている。アカイア人のぶどう栽培技術などについては文献もなく不明なままであるが、後代のホメロスの叙事詩『オデュッセイア』などが伝えているように、エーゲ海を制圧した次には小アジアにも進出し、トロイアを陥落させているから、この初期ギリシア人はクレタ島についで小アジアの良質ワインの味香もおぼえ、ワインの質の差や良質ワインを産する地方とそうでない地方を区別する知識もかなり身につけていたようである。

アカイア人はミノア文明から大きな影響を受けたが、ゼウスを信奉する父権制社会を構成していたこのギリシア語族の宗教の核心は、クレタの女神信奉の宗教文明のものとは本質的に異なっ

アンフォーラ
ぶどうを摘みワインを造るサテュロスたちが描かれている
前540年頃、ヴュルツブルク大学博物館

ていて、穀物やワインを牡牛や羊の生け贄とともに神々に献じても、ゼウスを信奉するこの種族には、女神を讃えるワインに酩酊状態となり、性的法悦にいたって神との一体感を経験するというオルギア儀礼の習慣は疎遠なものであっただろう。しかし残念ながらアカイア人自身の文書記録は現存しない。というのは前一二〇〇年から一一〇〇年頃にかけ、ペロポネソス半島を遅れて南下してきた同じギリシア語族のドーリア人やイオニア人によって、ミケーネ文明もまた消滅させられてしまったからである。いま述べたようなワインに関する話も、後代のホメロスの叙事詩を斟酌するというのが主な手だてなのである。

ホメロスが語るアカイア人のワイン文化

とくに獰猛なドーリア人はエーゲ海世界全域に暗黒時代をもたらしたといわれているが、ヨーロッパ文明の源泉のようにみなされてきた古典ギリシア文明が新たなに形成されるまでには、ミケーネ文明滅亡から三世紀以上もの年月がたっている。しかしイオニア人たちも同じゼウス信奉のギリシア語族であったから、ミケーネの宗教文化はそのまま継承している。と同時に古代の神々や半島各地の土俗信仰をゼウスを最高神とする父権制の神話体系に吸収して書きかえていった。この新たな文明の揺籃期に現われた詩人がホメロスであった。彼がミケーネ時代の口承口碑、伝説、神話などを収集し、壮大な叙事詩にまとめあげたおかげで、アカイア時代のワイン文化も

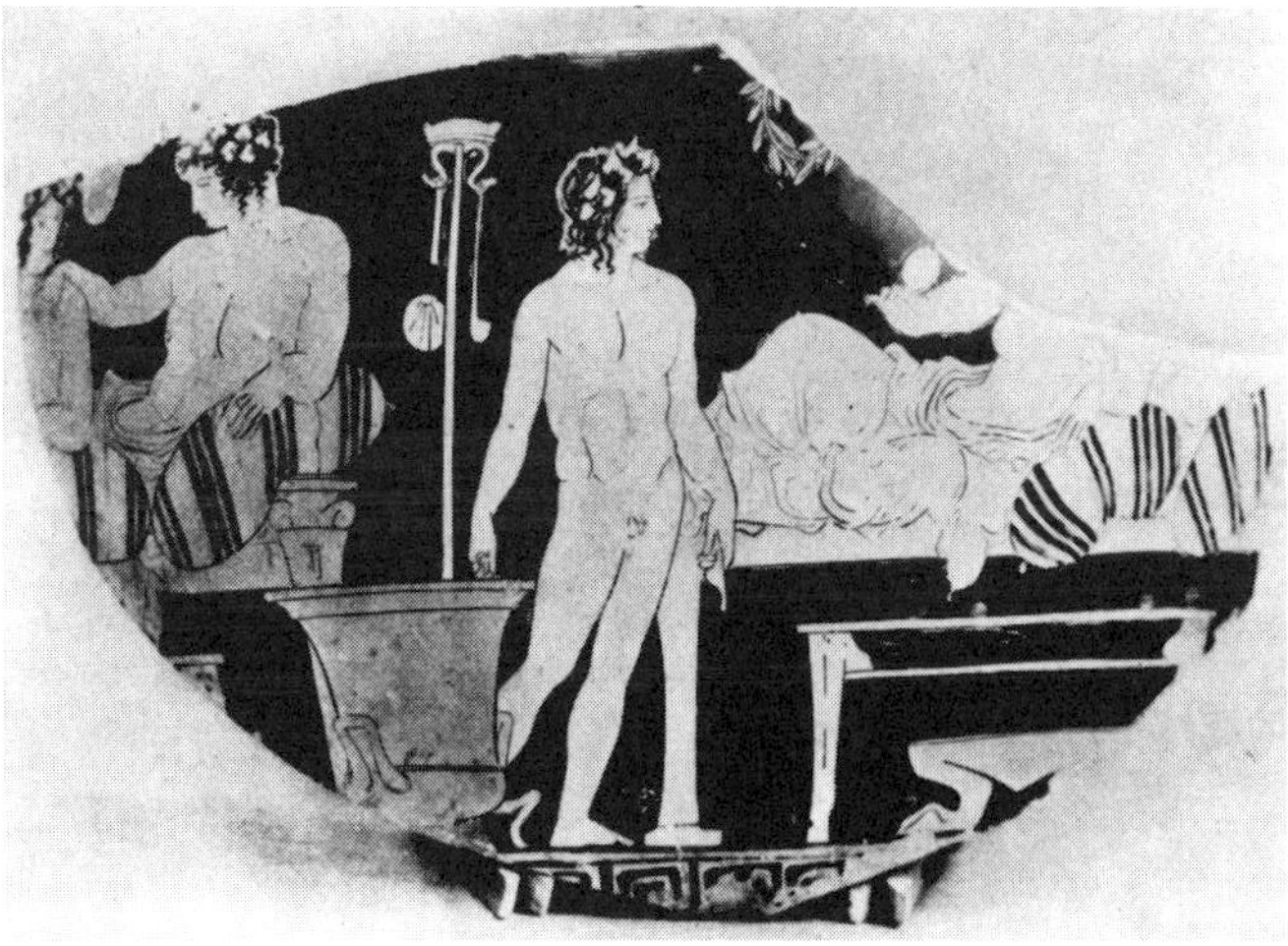

シュンポシオンの場面に描かれたクラーテール（混酒器）
陶器断片、前5世紀末、パレルモ考古博物館

うかがい知ることができるのである。

たとえば『イリアス』に、ゼウスの息子ヘパイストスが父のゼウスといがみあう母のヘラをなだめながら、「甘美なネクタルを混酒器から汲み出しては酌をして廻る」（松平千秋訳）場面がある。ネクタルとは神々が口にする最上質のワインを意味し、「混酒器」と訳されているクラーテールは、ワインと水とを合わせる器である。ギリシア人はワインと水を合わせて飲んだ。いうならば茶の湯の作法のような儀礼を大切にしていたのである。ギリシアではワインの水割り[3]を飲んでいたなどといって顔をしかめてみせるワイン通もいるが、顔をしかめるのは、古代ギリシア人がワインを水割りにした理由を、酔いが早くまわらないためだとか、水が悪いのでワインをまぜたとか、貧しい者たちにはワインが高価すぎたので節約するためだった、といったように勝手に現

さまざまなクラーテール（混酒器）

代の生活感覚でもって解釈してしまうからである。古代の宗教に思いがおよんでいない解釈では、ギリシア神話の神々もまたネクタルを水と合わせて飲んでいた、ということの説明がつかないだろう。ワインと水を合わせるというのは、じつは宗教儀礼的な意味があったのである。古代ギリシア人の心性には、ワインを飲むということに、古代宗教の形而上学的な意味がまだ生きていたもののようである。しかしその一方で、このヘパイストスとヘラの場面は、母権制から父権制への人類史上の推移を語るものとしても興味深い。ゼウスの不機嫌な妻ということになった女神ヘラは、もとはといえば絶大な力をもつ太母神であった。それが家父長制社会のギリシア神話ではいつのまにか最高の男神の妻という地位に格さげされてしまっている。女神が権力を増大させてくる男神とあらがいながら、しかし次第に凌駕され、王座から駆逐されてゆく人類史の経緯が、ギリシア神話のなかでは夫婦喧嘩という形で表現されている。息子のヘパイストスが母親ヘラを、いくらあらがっても最終的には父ゼウスにはかなわないのだから、といって上等のワインでなだめようとしているこの場面からはさらに、神々全体がかなり人間的な次元へと引きおろされていることも読みとれると思う。

オデュッセウスの冒険とワイン

周知のように、トロイア戦争に勝ったものの、帰路をあやまったオデュッセウスは、地中海上を流浪することになるが、(4) いつまでも父親が帰ってこないので気が気でなくなった息子のテレマコスは、父の元戦友たちのもとに消息を求めて出かけて行く。そういうテレマコスを迎えた戦友たちのある一族が、海辺で海神ポセイドンを讃える儀式を行なっていた場面がある。「参列者は九つの組に分かれ、それぞれの組の人数は五百人、各組はその前面に九頭の牡牛を置いて」「臓物を食い、神に腿の骨を焼いて」(第三歌、松平千秋訳、以下同) いた。この儀式を終えると主人は客人のテレマコスを屋内に招き入れて夕食をともにし、就寝前にまた、「給仕役の若者たちが、混酒器(クラーテール) になみなみと酒を満たし、先ず神々への献酒のために、数滴を一同の杯にたらす。生贄の舌を火にかける。一同は立ち上がってその上へ神酒を注ぐ」といった献酒の儀式を行なってから「一同が心ゆくまで杯を傾け」、「蜜のごとき甘美な酒」を飲んだという。海辺で生け贄にした牡牛を食い、神に生け贄を焼いた煙を献じるという儀式は、やはり長く遊牧の月日を過ごしていたイスラエルの民の儀式に共通するものでもある。「蜜のごとき甘美な酒」というのはクレタ産のものか、あるいはミノア人の醸造技術を習得した産物と思われる。ミノア人は、なかば干しぶどう化させたぶどうを醸造すれば甘いワインが得られることを知っていたが、アカイア人もやがて、完熟葡萄を筵の上に並べて一週間ほど天日干ししてからワインを醸造するという方法を思いついている。クラーテールは古代ギリシアを通じて重要な器であった。テレマコスが父の元戦友から土産にもらったものなどは、「見事な造りの混酒器で総銀造り、縁には黄金が施し

クラーテールにワインを注ぐサテュロス
前520年頃、ミュンヘン、国立考古博物館

て」あり、「この屋敷に秘蔵している品の中でも、一番美しく一番高価な品」（第四歌）だったというのであるから、ワインと水とを合わせる儀式がいかに重要な意味をもっていたかが想像できる。

地中海上をあちこちさんざん放浪したというオデュッセウスの冒険話のなかでも、彼の軍船がキュクロプス族の国に漂着した折の話が最も興味深い。キュクロプスという名はキプロス島を連想させるが、話の内容は、フェニキア人が植民していたキプロス島より、むしろ蛮族の先住していたイタリア半島南部かシチリアを思わせる。というのもそこは「種子もまかず耕しもせぬのに何でも育つ」肥沃な地であり、「酒を造る見事な房を実らす葡萄の木もひとりでに生えて」いたというから

巨人ポリュフェモスの眼をつぶすオデュッセウス
前660年頃、エレウシス考古博物館

である。一行は入江に船を停泊させて下船し、捕獲してきた野生の山羊の肉をあぶり、船に積んでいる「マロンから貰った美酒」を飲みかわして一息つき、翌朝オデュッセウスは、アンフォーラのワインを山羊皮の皮袋につめかえさせ、食料との交換を期待して部下十二人を連れて先住民の集落へ向かう。ところがその先住民というのが一眼巨人の蛮族で、一行は期待に反し、洞窟に囚われたあげく毎晩一人ずつ食われるという危機に陥った。せっぱつまったところでオデュッセウスは、持参してきた「マロンの酒」を巨人に一気に飲ませ酔いつぶす策にでた。一眼巨人は、「キュクロプスの国でも、肥沃な土地から酒を造る見事な葡萄がとれ、天神の降らす雨に養われるのだが、この酒ときたら正にアンブロシア(神々の食物)とネクタル(霊酒)のお流れといってもよい逸品」とほめながら、山羊皮の皮袋をすべて飲みほし、酔いつぶれて大の字になり大鼾をかきはじめた。それを待っていたオデュッセウスたちはオリーブの木の先を尖らせた即製の槍で巨人の眼をつぶし、九死に一生を得たというのだが、この話から、漂流先の山岳民族もワイン造りは知っていたのがわかる。しかしその地ワインはギリシアのワインとはとても比較できるようなものではなかった。「酒を造る見事な房を実らす葡萄の木もひとりでに生えて」いるような気候のよい肥沃な地でも、ぶどうの木の茂るままにまかせて、剪定もしなければ質のよい実は得られないし、醸造技術がなければ、「マロンの酒」に匹敵するようなワインを得ることはとてもできない、ということをこの巨人族自身が証言しているようなものである。

マロンはトラキアの町マロネイアの元祖だが、この地方はすでに述べたように、先史時代からワインの醸造が盛んに行なわれていて、ギリシア時代にはワインの銘醸地として有名であった。オデュッセウスはこの「甘美な赤葡萄酒」について、「これを飲む折りには、二十倍の水で割る。すると混酒器からは、えもいわれぬ甘美な香りが漂い出し、とても飲まずには我慢できるものではない」と語っている。古代にはまだ、ポルトワインのような強化ワインの醸造技術はなかったから、いくらエッセンスの濃いワインであっても、通常ワインなら二十倍の水で割っては水のようになる。「マロンの酒」というのは、長い船旅にも耐えられるように赤ワインと蜂蜜を十分にまぜあわせた濃厚な酒であったのかもしれない。ちなみにワインをギリシア語ではオイノス(oinos)という。

(5) (6) (7)

アテナイのシュンポシオン

新たなギリシア文明がアテナイに花開いた頃には、ワインを飲むということから宗教儀礼的な意味合いがかなりうすれ、市民が日常生活を楽しむという性格のものになっていた。有名なのがシュンポシオンである。まず夕食をすませた後、寝椅子にねそべってワインを飲む宴である。もっとも市民といっても古代ギリシア社会では上級階級の男たちだけを意味するもので、女には奴隷と同じく市民権さえなかった。とくに既婚女性の社会的地位は低く、家内に軟禁されているような生活を送っていた。公の場に出る女は遊女（ヘタイラ）と娼婦（ポルネ）だけであり、シュンポシオンに参加を許されるのは、男の相手をするヘタイラとお酌や同性愛者を相手する少年たち、それに芸人たちであった。かつて高津春繁氏はこのシュンポシオンを、「食事が済んだ後に、食卓が下げられ新たに酒宴の用意がなされる。人々は讃歌を唱和し、三つの混合器［クラーテール］という大きな瓶に水と酒を混じて、まず神々に捧げて後本式の酒宴が始まる。それにはプラトーンの『シュムポシオン』のやうに恐ろしく高尚な議論が静かに交わされるものから、笛吹き女、遊女、軽業師、音楽師等を交えた華やかで乱痴気騒ぎのものに至るまで色々あった。酔った挙げ句に町に暴れ出して乱暴狼藉を働いて、わいわいと大声で怒鳴ったり人の家に夜中に飛び込んだり、町の色々なものを壊したり、人を蹴ったり、女をからかったり、挙げ句の果てにぐうぐうと所構わず寝てしまったりは今日と同じであった。こういう騒ぎをコーモスと呼ぶ。アルキビアデースのコーモスの仕業に疑いのかかっている有名なアテナイのヘルメス像破壊事件もこのような酒の騒ぎの結果であった。あるいはまた乱痴気騒ぎに至らなくても、与太話をしているうちに眠り込んで華胥《かしょ》に遊ぶ手合いも多かった」（『アテナイ人の生活』）と描写したが、ヘタイラたちは、笛を吹いたり踊ったり歌ったりするだけではなく、男たちの性行為の相手でもあった。だからシュンポシオンは度が過ぎた場合は、現代風にいえば、乱交パーティーの場にもなったのである。父権制社会でも古代ギリシアでは、まだそれほどセックスは罪悪観念と結びついてはいなかった。(8)

神々のシュンポシオン
前430-420年頃、大英博物館

というのもシュンポシオンは古代ギリシア人が考えだした独自のものではないのである。もともとは女神を信奉する古代文明のオルギア儀礼が父権制社会のなかで、いわば世俗化したものであった。すでにアッシリアやレヴァント地方でも、神殿におけるオルギア儀礼の半世俗化した習慣が存在していたことは、「おまえたちは、象牙の寝台にねそべり／長椅子の上で無為にすごし／……大きな杯でワインを飲み／最上のオリーブ油を体にぬり」（アモ六・四）といった旧約の預言者の非難の言葉などからも推察される。父権制社会の倫理家プラトンはシュンポシオンの乱交パーティーや乱痴気騒ぎを忌避した。そこで範をしめすべく『シュンポシオン』（前四世紀）を著作したのだが、そのなかに、演劇コンクールに優勝した悲劇作家アガトンを祝って、ソクラテス以下名だたる男たちが催すシュンポシオンの場面がある。一同寝椅子にねそべり、まず食事をすませると、神に讃歌をささげる儀式の手順をふんでから飲み始めるが、ここでワインのよい飲み方について議論が交わされ、結局は、ワインによる酩酊は心身によくないという医者エリュクシマコスの意見が主導権をにぎる。ではまじめな議論を楽しもうということになり、ヘタイラなどを退席させ、男たちは愛をテーマに議論を展開する（SW. Bd.2, S.88以下参照）。議論の内容は省略するが、プラトンのおかげで、シュンポシオンはやがて現代のシンポジュームの語源になるような性格になったのかもしれない。

プラトンはまた著書『ポリテイア』のなかでも、「祝宴、お祭騒ぎ、酒宴、娼婦買い」（Bd.2, S.483）のとりこになる人間は性根が非民主的なのだと批判し、エロスとワインが理性をまひさせると警告を発したものであった。老人が酔い痴れて、老後の憂さを晴らすのはいたしかたないとしても、若者が酔ってはめをはずすことは国家にとってまことに憂慮すべきことだと説いている。ワインの危険性に対してプラトンがこれほど神経質になっていたのは、シュンポシオンにかぎらず、先史時代以来の宗教的オルギアの記憶が、エロスとアルコールに耽るという世俗化された形をとってではあっても、ギリシア人のうちに絶えずよみがえってきたためであろう。そしてこの心的状況がとりもなおさず、本来ギリシア語族にとっては異教の神であったワインの神の侵入してくる下地になっていたにちがいない。

ワインの神ディオニュソス

古代ギリシアの父権制社会には異質な先史時代以来の母権制社会の女神たちが、ゼウスを総師とするオリュンポスの神々の秩序のなかに習合されたように、ワインの神もギリシア神話では、ゼウスの息子ディオニュソスという形に書きかえられ、人間に化けたゼウスがテーバイ王の娘セメレーに生ませた子供（半神）ということになった。このディオニュソス神話もまた、女神が男神に駆逐されてゆく人類史の過程の一側面を教えるものである。ギリシア神話によれば、ディオニュソスの誕生を知って激怒したゼウスの妻ヘラは、ティタヌス[9]に、嬰児ディオニュソスの八つ裂きを指令する。ギリシア神話では嫉妬に狂った妻が夫の子を殺させるという次元の低い人間的な筋書きにされているが、本来の大母神は生殺与奪の権をもつ恐ろしい神でもあった。八つ裂きにされた嬰児はしかし、三日後には小アジアの地母神の祖母レアによりよみがえり、東方の山中に住むニンフのもとに運ばれ女の子として養育されて成人する。ヘラはそれをかぎつけても、成人してしまったものは殺せないから、今度は狂わせてしまう。すると狂ったディオニュソスはぶどうの木を担いで、ワイン好きで好色の半人半獣のサテュロスやワインを飲むと狂乱状態になる女信者（マイナデス）たちを引きつれ諸国放浪の旅にでて、メソポタミア、エジプトさらにはインドにまで遠征する。あきらかにワイン宗教文化の伝播が神話の筋書きにとりいれられているのがわかるが、ディオニュソスは遠征を終えるとレアの生地フリュギアにまいもどり、祖母から狂気

ディオニュソスの行列
クラーテール、前550年頃、ミュンヘン考古博物館

ディオニュソスの航海
前530年頃、ミュンヘン考古博物館

ディオニュソスの祭壇の前で踊り狂うマナイデスたち
前480年頃、ベルリン博物館

をといてもらうと、信奉者軍団を率いてさらにトラキアを制覇し、ついにはペロポネソス半島に侵入してきて、いたるところに歓喜と恐怖の渦を巻きおこしたというのである。この神話の人物は、ニーチェの哲学的見解によれば、創造的狂気の象徴としてギリシア悲劇の最古の登場人物にもなるのだが、神話の神としては最終的にはオリュンポスに座を与えられて、ギリシアの神々に仲間入りしたのである。[10]

マイナデス（女狂信者）たちが聖域で踊り狂い、憑依状態になる信仰集団が父権制社会のギリシアに生まれ、同時にこれを排斥する運動も各地で起こったが、ディオニュソス信仰を阻止することはできなかった。本来アポロンの神託を受けるためのデルフォイの神殿に、十二月から二月にかけての冬の三ヵ月はディオニュソス崇拝者たち、とくにマイナデスの扮装をした女性たちが集まり、ディオニュソスの巫女となって踊り狂い、

ディオニュソスの神像の前で
ワインを酌み、踊るマナイデスたち
前420年頃、ナポリ考古博物館

さらに松明を振り回しながら、自らをワインとして信徒たちに与えたディオニュソスの復活を祈るため、冬のパルナッソス山の頂上をめざしたという。神の死と復活という古代信仰は、父権制の古代ギリシア社会においてなお命脈を保っていたわけである。男性優位社会のギリシアでのマイナデス現象は、現実の生活のなかで男に奴隷扱いされ虐げられていた女性たちがディオニュソス礼拝の狂乱のなかで解放されるという一種の集団ヒステリー現象であった、というのは現代の深層心理学的な見方であるが、ディオニュソス祭はそうした祭祀の次元にとどまってはいなかった。前四〇四年の三月には一万四千人ものアテナイの市民がアクロポリスの南斜面にあるディオニュソス劇場(11)に、薬草入りワインをつめた山羊の皮袋をもって集まったという。生け贄にした牡牛の生肉を食い、ワインをがぶ飲みしながら、舞台の上のバッカナリアを見物したのである。ひょっとすると自分たちも一緒になってどんちゃか騒ぎをくりひろげたかもしれないが、舞台の上ではディオニュソスの祭司やサテュロスに扮した男たちが皮のペニスや馬の尾などをつけて踊り、マイナデスに扮した女につかみかかる。逆にマイナデスもワインの神の杖で男たちを小突き回るという演技に興じたものであったという。ワインの医薬的効果に関する科学的な思考も大いに展開したギリシア人の社会にも、ワインの神の思想は命脈を保っていたわけだが、これは古代ギリシアに終わるものではなかった。古代ローマのみならず、キリスト教化され、古代の神々が表舞台から駆逐されてしまったヨーロッパ中世の世界にもなお生き続けて行くのである。

註

（1）ぶどうがやせた土地でも育ち、かえって良質の実をみのらせることは、クレタ島ですでに証明されている通りだが、ぶどうの木自身は肥沃な地のほうが生育しやすいことはまちがいない。しかし多量の房のなるままにしておくと量は多くても質のよい実は収穫できないから、ぶどうの栽培技術とは何より剪定を意味するといわれる。現代でもぶどう農夫たちは、ぶどうの生育期の剪定に神経を使い、少しでも弱そうな芽や小枝は丹念に切り取り、肥料も葡萄の吸いあげたと思われる量を補充するだけに調節して、他の果実や野菜の場合のような施肥はひかえる。

（2）アンフォーラの内側にぬった松脂が溶けこんだワインの風味が、ギリシアワインの伝統的なものとして珍重されるようになったのか、現代でもギリシアでは松脂ワイン（レチーナワイン）をつくっている。

（3）ワインを水と合わせることは、後代には宗教的な意味はなくなり、古代ローマ時代には、いわゆる水割りのワインを飲む習慣が一般化する。いわば茶のように食事の際に飲む習慣である。イタリアには現代も水割りワイン（ヴィーノ・アルンガート）があり、ドイツでも夏に炭酸水割り白ワイン（シュプリッツァー）を清涼飲料にしている。

（4）オデュッセウスの冒険物語は、フェニキア人に負けじと地中海に乗りだし、イタリア半島南部に植民したアカイア人の運命を反映している。

（5）古代トラキアは現ギリシアの北東端、現トルコのヨーロッパ部分とブルガリア南部をふくむ。現ブルガリアも歴史的にはぶどう栽培の早い地域に属しているわけだが、ローマ帝国崩壊後、さまざまな民族が入り乱れ、その後長くオスマン・トルコの支配下にはいっていた。

（6）強化ワインとは、ブランデーを加えてアルコールを強化するワインのことをいう。ポルトガルのポルトのワインの方法は、発酵中の（ティンタ・フランセ種の）赤ワインのアルコール度が八度くらいになったところで、七〇度以上の強いブランデーを入れて発酵をとめ、アルコール度を二〇度くらいに高める。ぶどうの糖分と果実味を十分にのこした芳醇で強いワイン。スペインのシェリーの方法は、前六世紀、カディスに植民したフェニキア人が醸造していたクレタ式の甘口ワインがもとになったものだが、パロミノ種の実をエスパルト草の筵の上で二日ほど天日にさらしてから、酵母菌の活動できる一五度ぎりぎりまで発酵させ、しばらくねかせたものを瓶詰する際にブランデーを加えて強化する。またリスボンの南西、約五四〇海里の大西洋上の島マデイラでもマデイラ酒と呼ばれる強化ワインを産出しているが、これもセルシア種などの香りの強い品種のワインにブランデーを加えるという方法である。ホメロスの「マロンの酒」は蜂蜜の香と甘味が濃厚でも、アルコール度は一五度以下であったにちがいない。

（7）英語を日本語化したワインもドイツ語のヴァイン（Wein）、フランス語ヴェン（vin）も、語源はラテン語のヴィヌム（vinum）だが、醸造学、ぶどう栽培法といった学術用語のドイツ語オェノロギー（Önologie）フランス語エノロジー（œnologie）はギリシア語のオイノスに由来する。

（8）シュンポシオンで使う壺（ラギュノス）や酒杯（カンタロス）の多くには、現代ならポルノという概念でしか理解できない男女、男同士、女同士の性行為の有様が描きこまれていた。セックスも母権制原始社会では宗教とむすびついたものであったのが、性的法悦や酩酊は、家父長制秩序を構成する社会の倫理宗教のもとでは、形而上学的な意味を失い、淫乱　放縦、鄙猥、逸楽、堕落といった悪徳の範疇のものになる。この変遷は旧約聖書の記述にもっともあからさまに見られるものだが、ギリシア男性社会でもエロスの心的抗争が強くなる。宗教的自意識の根底にある性欲を、罪の根源に書きかえたのは、ヨーロッパでは周知のようにキリスト教である。

(9) ティタヌスは巨人神(ティタン)の複数形。ゼウスを総師とするオリュンポス神族との権力闘争に負け、支配権を奪われたという。

(10) ディオニュソスと海をむすびつけた神話もある。エトルリアの海賊たちがイカリアの岬でワインを飲んで陶然としている美少年の姿をしたディオニュソスを捕らえ、身代金目当てに、彼の故郷だというナクソス島までつれて行こうということになった。舵取りのアコイテス一人反対したが聞き入れらなかった。ところが航行中、風が凪いで船が動かなくなり、ぶどうの蔓が船を覆い、帆柱にも葡萄の房が絡みついて船の櫂は蛇にかわった。海賊たちは気も狂わんばかりに驚いて、みな海中にとびこんだが、ディオニュソスによって海豚や魚に変えられてしまった。ディオニュソスは恐れおののくアコイテスに船をナクソス島へ航行させるように命じ、アコイテスは以後ディオニュソスの忠実なしもべとなり、ディオニュソス神殿の神主となる(七四頁の図版参照)。なおディオニュソスはナクソス島でアリアドネを妻としたという。

(11) 二世紀のリュディア出身のギリシア人歴史家パウサニアスの全十巻におよぶ『ペリエゲシス・テス・ヘラドス(ギリシア記)』のなかには、この劇場はディオニュソスの最も古い神苑に付属していたものであると記されている。

第Ⅲ章

ワインという
新約聖書の大きな謎

【扉図版】
カナの婚礼
ヘラルト・ダヴィット画、1503年頃、ルーヴル美術館

「だれも新しいワインを古い革袋につめたりはしない」

あまり気づかれていないようだが、新約聖書のイエスが何度か口にするぶどうの木、ぶどう園やワインの比喩あるいはたとえ話は、どれもイエスがぶどう栽培やワインに関して非常に詳しいことをしめすものである。「新しいワインを古い革袋に入れる」という格言になっている言い回しも聖書に由来するが、日本でもこの格言が、聖書の言葉とは知らずに口にされている。新しいことを古い形式でしばってはならないとか、新しいものは古い器にははいらない、というような意味で使われている。『広辞苑』には、「新しい内容を古い形式で表すと、内容も形式もともに生きないという意に用いることが多い」と説明され、ドイツでは「改革のかけ声をかけるだけ」の比喩として用い、イギリスでも「古い形式で律しようとする新しい思想」という意味で使われているが、英語では、「古いボトルの中の新しいワイン」という。いまどき革袋では生活実感がないからボトルにかえたのかもしれないが、ボトルにしてしまっては、イエスの言葉はだいなしである。

もともとイエスは、「だれも新しいワインを古い革袋につめたりはしないだろう」と問いかけ、「さもないと、ワインが革袋を裂いて流失し、革袋もまた使いものにならなくなるから、新しいワインは新しい革袋につめるものだ」[1]（マコ二・二二）ろうといって念を押したのである。イエスの生きていた当時のワイン文化圏の者なら、醸造関係者でなくても酒飲みなら、これを聞けば、ぴんときたはずである。新しいワインにはまだ二次発酵中のものがある。発酵とは、酵母菌が糖分をアルコールと炭酸ガスにかえることであり、したがって発酵の完全におわっていない新酒は貯蔵中になお炭酸ガスを発生する。そういう新しいワインを革袋に入れて口を閉じてしまうと、行き場のなくなった炭酸ガスで袋がふくれあがる。革が新しく丈夫なうちはその圧力に耐えられるが、使い古している革は破裂するかもしれない。山羊などの革袋を持ち歩いていた時代の者なら、使い古した革袋にできたてのワインをつめてはまずい、ということは生活経験からわかっていたから、「だれも新しいワインを古い革袋につめたりはしないだろう」と言われれば、そりゃあそうだと相づちをうったにちがいない。

新約聖書は、イエスの弟子たちが師の言葉を直接書きとめた記録ではなく、イエスの死後かなりの時間がたってから、四人の福音記者が、それぞれ別な時代にギリシア語で著述したものであり、最後のヨハネが筆をとったのは、イエスが死んでもう百年近くも後のことであるから、それでも彼らがイエスの言葉を正確に伝えているという仮定の上にたっての話になるが、イエスはぶ

ぶどう園のたとえ
『エヒテルナハの黄金福音書』、11世紀後半
ニュルンベルク、国立ゲルマン博物館

どう栽培者の生活をじつによく知っているのである。よく説教にとりあげられるというぶどう畑の主人と小作農の説話でも、この説話の意図はさておき、「ある人が丘陵にぶどう畑をつくり、垣をめぐらし、そのなかに圧搾場を掘って見張り櫓をたて、これを農夫たちに貸し与えた」（マコ一二・一）という冒頭など、古代のぶどう農園をよく知っている者の叙述である。今なら圧搾用の穴を畑に掘ったりしないが、乾燥した地中海世界地域や丘陵地の古代のぶどう農夫たちは、収穫したぶどうを入れた土器を園内に掘った穴に埋めたり、あるいは岩場をくりぬいたなかに収穫した実を入れて発酵させた。その間、用心しないと被害にあうから畑には垣をめぐらし、見張り櫓をたてた。そういう事情をイエスは知っていたわけである。農園の近くに生まれ育っていれば、子供の頃から見張り櫓を眺めたこともあるかもしれない。ところがイエスの生まれ育った寒村ナザレにぶどう畑は広がってはいなかった。

「私はまことのぶどうの木」

イエスはぶどう栽培者の生活から借用して、たとえ話をしているだけではない。もっとすごい言葉を口にしている。「私はまことのぶどうの木、私の父はぶどう農夫である。実のならない枝はすべて切りとり、実のなる枝はより豊かになるよう手入れをなさる」（ヨハ一五・一）というのである。イエスの名を口にしながら、それに値しない者を神は容赦しないという厳しい警告なのだというのが聖書釈義のようであるが、説教はさておいて、この驚くような言葉も、やはりぶどう栽培技術をふまえているのである。ぶどうの栽培には剪定技術が重要である。よけいな枝は剪定し、まびかなければ良質の房を得ることはできない。古代ギリシアではすでにぶどうの品種の優劣や、栽培の技術に関する知識はかなりの発達を見せていた。「良い木で悪い実のなる木はなく、悪い木はどれもよい実がなることはない」（マタ七・一七）のだが、優良品種でも、世話を怠ると良い実にならない。ブルゴーニュの赤の品種ピノ・ノワールとかドイツの白ワイン用のリースリングのように、すぐれた品種ほど気むずかしく、一年に二〇回くらいも手入れをしなくてはならない。剪定がいいかげんだったり、畑の手入れを怠ったりすると、すぐれた品種ほど幻滅させられるようなことになる。こういうことをイエスの比喩はふまえている。ぶどう栽培だけではない。追剝ぎに半殺しの目にあわされ道端に倒れていた見知らぬ男を、通りがかりのサマリア人が傷口をワインで消毒し、オリーブ油を塗って包帯するという応急処置をほどこしてから、自分のロバに乗せて宿まで連れて行って介抱したという隣人愛を説く話（ルカ一〇・三〇―三四参照）にも、革袋にいれて携帯しているワインを医療行為にも用いていた古代人の生活背景がうかがえる。西部劇で戦場の騎兵隊の軍医などがよく傷口にウィスキーを吹きかける場面があったが、蒸留酒を知らない古代はワインが消毒薬にもなっていたのである。

エッサイの樹
ネルトリンゲンの画匠、1558年、ヴォルフスベルク城

寒村ナザレの敬虔な大工の息子

これほどぶどうやワインにくわしいイエスは、しかしぶどう農家の息子ではない。彼の父親ヨセフは大工だった。石工という説もあるが、とにかくぶどう農園主でも農夫でもなかった。もっとも、別に親がぶどう農夫でなくても、あるいはワイン醸造に関係のない家庭に育っても、ぶどう栽培やワインに関する知識が豊かになって、何のふしぎがあろうか、ということはできるかもしれない。それにイエスが説教に用いるたとえ話や比喩は、ぶどうやワインに限ってはおらず、からし種、麦、塩、魚、パンなども比喩に使われている。にもかかわらず、ぶどうやワインの場合にふしぎに思えるのは、それだけでだれにでもわかるごく一般的な比喩というものではなく、たとえ話がふまえているぶどう栽培者の生活を、聞く側もちゃんと心得ていることを前提にしているようだからである。比喩やたとえ話は、聞く者にぴんとこなくては効果がない。弟子たちがイエスに、なぜ群衆にはいつも「たとえ話で語るのですか」(マタ一三・一〇)と尋ねている場面があるが、イエスはそれに答えて、言葉を超えた真理は、たとえ話でしか伝えられないという意味のことを言っている。比喩やたとえ話なら聞く者たちも心にとめるだろうから、というのである。だとすれば、彼の弟子たちや群衆にも、ワインについてそれなりの生活体験や知識があったからこそ、イエスはぶどう栽培者の生活から借用した比喩やたとえ話を好んだのだと考えなくてはならないだろう。

ところがイエスの十二人の男弟子としてあげられている者たちのなかに、ぶどう農夫らしい者は一人もいない。ペトロをはじめとする四人は、ガリラヤ湖で網を打つ漁師であったし、彼ら以外に名前の記されているのは、徴税人とか反ローマ抵抗運動に身を投じていた者たちとかで、ぶどう農夫あるいはぶどう農園に雇われでいた労働者がふくまれていたという形跡はない。もしいたとすれば、イエスが父なる神をぶどう農夫にたとえているくらいだから、必要に応じて「漁師のペトロ」とか「徴税人のマタイ」と元の職業まで書いている福音書の著作者たちは、たとえば「ぶどう農夫のヨハネ」というように出身を記していたはずである。ところがそれがない。したがってイエスの少なくとも主だった弟子たちのうちに、ぶどう農夫出身者はいなかったのであろう。

ナザレの庶民の食生活

あるいはまた、もしイエスの時代のユダヤ社会が古代のワイン文化世界に属していたとすれば、たとえイエスやその弟子たちがぶどう栽培関係者の出ではなくても、これくらいのたとえ話や比喩は互いに自明なものだった、ということはできるかもしれない。では、イエスの生地の日常生活はどのようなものであっただろうか。イエスの生きた時代のユダヤは、周知のようにローマ帝国の支配下にあった。ユダヤの当時の王ヘロデ・アンテパス王は、ローマの権力者にすりよることで自らの地位を安泰なものにすることに腐心していた男で、アウグストゥスが皇帝になると、いちはやくローマへとんでいってごまをすったものであった。だから彼や彼を取り巻く支配者階級がローマ人の生活習慣をまねて、ワインに麝香草やジャスミンの香をつけたり、蜂蜜を入れたりして飲んでいたかもしれない、ということは想像できるが、たとえじっさいにそうだったとしても、それはエルサレムの支配者階級の生活にかぎられたことであっただろう。この支配者階級をイエスが嫌悪していたのはさておいても、ダニエル＝ロプスの『イエス時代の日常生活』などを読むかぎり、寒村ナザレの庶民の生活にはワインの香は認められない。母親マリアは他の女同様に粗服をまとい、手に入りにくい食肉ではなく、主に湖でとれる雑魚を料理していたことだろう。パンは自分で焼いた。ガリラヤ湖畔の漁村は不潔で、赤痢やマラリアがよく流行し、肺炎で死ぬ子どもも少なくなかったという。聖書の記述に悪霊にとりつかれ、高熱に苦しむ者がよくでてくるのも、こういう生活背景を反映していると思われる。イエスの両親がワインの存在を知っていたとしても、ぶどう畑の広がっている地方でもない村の大工夫婦のようなつましい者たちの食卓には縁の遠い贅沢品であったことはまちがいない。そのうえしかも『死海文書』の研究家スィーリングによれば、ヨセフはエッセネ派に属する敬虔なユダヤ教徒であったらしい。エッセネ派というのは、エルサレム神殿を管理する支配層のサドカイ派やイエスをつけねらうファリサイ派などから荒野に追放されたグループ、後の原始キリスト教団と似た教義を守っていた禁欲的な宗派であった。もしヨセフがこの派に由来する人間であったとすれば、彼は酒類を一切口にしなかったはずである。いずれにしてもイエスはぶどう栽培やワインにしたしむような家庭環境にも、文化圏にも育っていない。そうなるとやはり、イエスのぶどう栽培やワイン醸造に関する異常にくわしい知識や、自分をぶどうの木にたとえる比喩は謎めくのである。

宣教活動中のイエスの飲食

イエスが十九歳の頃に、父親のヨセフは他界したとみられている。その後イエスは長男として家職をうけつぎ一家のために働いていたが、三十歳の頃出奔し、弟子をひきつれ、宣教活動をはじめた。このときはじめて故郷ナザレを出て行き、各地を移動して、かつてフェニキアの都市国家ティルスのあった地方へも足をのばし(マコ七・二四参照)たりしているから、当然ながらぶどう畑を目にすることはあっただろうし、また行く先々で信奉者とか町の有力者の宅の食客になったり、徴税人のような者とも飲食をともにしているから、こうした生涯の日々にワインを飲んだであろう。じじつ、何かと口うるさく難癖をつけてくるファリサイ派や律法学者たちに対して、「洗礼者ヨハネがやって来て、パンも食べず、ワインも飲まずにいると、彼は悪霊にとりつかれているとみなし、人の子が来て飲食すると、この大食いが、この大酒飲みが、徴税人や罪人の仲間が、と言うではないか」(ルカ七・三三―三四)と言い返しているくらいだから、いろいろな人間との会食の折りにワインを飲んでいたことは想像される。しかしながら、前章のオデュッセウスや彼の息子テレコマスが招かれる宴では、ワインをみなで飲みかわすことがたいせつな宗教儀礼のようなものでもあったのに対し、イエスの場合は、「私はまことのぶどうの木、私の父（父なる神の意）はぶどう農夫である」とまで宣言している言葉とは裏腹に、食客となったかなりの家の食卓でも、ワインが重要な飲み物として供されたという気配を感じさせるような記述さえ聖書にはない。[2] 逆にいま挙げたような「この大酒飲みが」という非難の言葉などは、むしろワインを飲むことにひややかな社会の風潮を反映している印象さえ受ける。

イエスの死期とワインの変貌

ところがふしぎなことに、いよいよイエスの死が迫ってくると、突如ワインが古代宗教の復活思想とむすびつくような重大な意味をおびてくる。イエスが自分の死（処刑）と復活の予告を三度くり返した日である。弟子のヤコブとヨハネの兄弟が、その復活後の世界における自分たちの身の保証を願いでた（マコ一〇・三五以下参照）ものであったが、それに対してイエスは、「おまえたちは、自分が何を願っているのかわかっていない。私が飲むための杯で飲むことができるのか」と問いかえしている。この杯はあきらかに死（受難）を意味している。もっともこの時イエス自身、この杯を口にする覚悟をまだ完全にかためていたわけではなく、逮捕される時を目の前にして、深夜、エルサレム郊外のオリーブ山にひとりのぼり、「アッバ（父）よ、あなたにはすべてが可能です。この杯を私から取りのけてください」（マコ一四・三六）と神に哀願している。しかし神の沈黙の意思に最終的な意を決し、山をくだり、こういう重大な時だというのに眠りこけていた弟子たちを叱りつけている。

「これは私の血である」

そして大詰めの場面が、キリスト教の典礼の根幹をなす有名な最後の晩餐である。このときはじめて宴席にワインが登場する、のみならず、周知のようにただみなで飲むだけではない。イエスはまずパンを裂き、自分の身体だといって弟子たちに分け与えた後にワインの杯を弟子たちにまわし飲みさせながら、「これは私の血である。神の契約を保証するため、多くの者たちのために流された血である」（マコ一四・二二）と言う。この「最後の晩餐」は、レオナルド・ダ・ヴィンチの作品をはじめとする数々の名画によって知っている人は日本にも少なくないだろう。現代のカトリックのミサでは、参列した信者はパンのかわりに「聖餅」（ホスティア）を、司祭から口に入れてもらうが、ワインは飲まない。ワインは中世のある時期から廃止され、いまでは司祭だけが祭壇に向かって聖杯を傾けるという、ひどく形式化された儀式になってはいるが、とにかく信者たちには自明な伝統習慣としてくり返されている。しかしイエスがワインとは無縁といってよい生活世界の中で暮らし、またその宣教活動においても、神に献酒するなどという古代宗教文化の

最後の晩餐
ティントレット画、1592-94年
ヴェネツィア、サン・ジョルジョ・マッジョーレ聖堂形跡のまるで認められない生涯の最期になって、ワインと自らを一体化させ、自分の血の象徴として飲めと宣告しているのはふしぎではなかろうか。

過ぎ越しの祭の牡牛の血

イエスがぶどうやワインのたとえや比喩を用いたのは、別に彼の時代の生活と関係があったからではなく、旧約の預言者たちの伝統にならっているのだという聖書学者たちの見解もある。最後の晩餐も旧約の「過ぎ越しの祭」の伝統にきちんとのっとっていて、ただこれに新しい意味を与えたのだという。「契約の血」も、旧約「出エジプト記」二四章八節にもとづいていると聖書学者たちは注釈する。だが「似て非なり」ということがある。ユダヤ教の「過ぎ越しの祭」(3)とイエスの「最後の晩餐」は一見似ているように見えなくもないが、本質はまったく異なっているのである。ユダヤ教徒は現代でも先祖のエジプト脱出成功を記念し、それぞれ家庭のなかで過ぎ越しの祭を祝う。イースト菌を入れない生地で焼いたパンを食べ、ワインを飲んで祝うが、「最後の晩餐」はこれのバリエーションなんかではない。

過ぎ越しの祭というのは、もとをただせば、先史時代の遊牧民族の祭儀である。遊牧の民はある地域にしばらく滞在しても、一定の時期がくれば、家畜群をつれて移動をした。この移動の時期がくると、一族の家父長たちは、幕屋の入り口に生け贄の山羊あるいは羊の血をぬりつけ、その肉を一家で食べ、あらためて結束をはかる儀式をとりおこなったものである。この儀式では、生け贄にした動物の骨を折ってはならなかった。また食べのこしたものは、そのまま捨ててはならない。火で焼きつくし、煙を天に帰さなくてはならなかった。この先祖の祭儀が、半奴隷状態を強いられていたエジプトから脱出したヘブライ族の「過ぎ越し」の祭儀になったのである。聖書の記述によれば、脱出直前に、「今月の十日、家父長は自分の家族のため小羊を一頭用意し、家族が少人数で、一頭を食べつくせない場合には、隣人家族の人数に見あう小羊を選び、……夕刻にイスラエルの民全員参加のもとに小羊を屠り、その血を家の表口の柱と鴨居にぬりつける」（出エ一二・三以下）ようにという神の指示があったという。柱や鴨居にぬりつける血は、エジプト人に災禍をもたらすため降下してきた神ヤハウェが、イスラエルの民の家の前は通り過ぎるための目印だというわけである。ヘブライ族（自称イスラエルの民）は前一五〇〇年頃エジプトからの脱出に成功しているが、そこで一族の長モーセは、「過ぎ越し」の儀礼として幕屋に祭壇をもうけ、若い牡牛を屠殺させて「その血の半分を鉢に取りわけ、残り半分を祭壇にふりかけておいて、契約の書を取りあげて朗読し」、ついで「鉢の血を民にふりかけ、主が十戒にもとづいて、おまえたちと結ばれた契約の血である」（出二四・五以下参照）と宣言したものであった。

似て非なる旧約と新約の「契約の血」

たしかにモーセは「契約の血」と言っている。だが似て非なるものはきちんと区別しなくてはならない。モーセが民にふりかけたのは神に捧げた牡牛の血であり、神を象徴するものではない。神の怒りをしずめ、さきざきも神の怒りをこうむらないため、生け贄の血を祭壇にふりかけ、またその血で民を清めたのである。日本には、女神の祟りをまぬがれるために顔に墨を塗って宮参りするという習俗を残している地方があると聞いたが、「過ぎ越し」儀礼の牡牛の血もいわば厄除けだっただろう。ところが「最後の晩餐」にイエスがワインにこめた意味は厄除けではない。永遠の命を得る神の血なのである。これは旧約の伝統とはあきらかに異質な系譜のものである。

これをもっともはっきりさせているのが福音記者ヨハネの叙述だろう。ヨハネ福音書のイエスは弟子たちに、「人の子の肉を食い、その血を飲まなくてはきみたちのうちに命はない。私の肉を食べ、私の血を飲む者は、つねに私の内におり、私はその者のうちにいる」（ヨハ六・五三—五六）と言っているが、これはあきらかに神の肉を食い、その血を飲めば神と一体化できるという父権制社会以前の古代宗教のカニバリズム思想の系譜のものであり、家父長制社会のモーセのいわば血判のような「契約の血」とはまったく異質な系譜の神観念である。ちなみにケレーニイによれば、「この福音書の著者が筆をとった当時、最後の晩餐は早くもキリスト教徒の重要な秘儀の儀式になっていた」（岡田素之訳、以下同）という。

旧約の預言者のワインの比喩

有名なノアの神話は、ヘブライ族が人類史上かなり早くから定住化してぶどう栽培、ワイン醸造をはじめていたことを示唆しているが、その当時はヘブライ族も、おそらくぶどうの木やワインと深い宗教的なつながりのある多神教徒であったのだろう。旧約聖書の最も古い部分である創世記には、唯一の神であるはずのヤハウェが「われわれ」と、一人称複数で発言している記述が残っていることからも、これがうかがえる。しかしヘブライ族はふたたび遊牧民に逆もどりして南下し、ついにはエジプトの地に入って腰をおちつけ、そこで産めよふやせよと増加したため、危機感をつのらせたエジプト人によって半奴隷状態に閉じこめられてしまったのであったが、前一五〇〇年頃のサントリーニ島の火山大噴火によってエジプトの地中海沿岸地域が大混乱に陥ったのを千載一遇の機会と集団脱出した。脱出した頃のヘブライ族にとって、ワインはまだ祭祀にかかせない重要な奉献物であった。とにかく何世代も暮らしていたエジプトの宗教文化の影響も受けていたことだろう。「おまえの豊かな収穫とワインの奉献を遅らせてはならない」(出エ二二・二八)とヤハウェは命じている。しかし脱出後自らをイスラエルの民と名のったヘブライ族は周辺の女神系の種族と抗争をくりかえしながら荒野を放浪する四〇年間のうちに、排他的、戦闘的で嫉妬深い神、契約を守らねば自らの民をも滅ぼすという激越な男神ヤハウェを信奉する倫理的

約束の地のぶどう
ニコラ・プッサン画、1660-64年、ルーヴル美術館

な一神教徒に育っていった。と同時に、注目すべきことであるが、ぶどうやワインに対する心的態度が急変するのである。「男女を問わず特別なことをなすべく主に身を捧げるナジルびと（選出された者、出家した者の意）は、ぶどうや麦の酒を断念すべきである。発酵した酒類を飲んではならない。ぶどうの汁またしかり。ぶどうの実も、生であろうと干したものであろうと口にしてはならない」（民六・二―三）などと、ぶどうやワインがむしろ忌避すべきものになる。

この変質を最もよく代弁しているのが預言者たちの言葉である。とくに預言者イザヤのワインに関するアンビバレントな発言がこれをよく象徴している。最初のうちこそイザヤも「イスラエルの家」を「万軍の主のぶどう畑」にたとえたり、「ユダの男たちは主が楽しみに植えられたぶどう」（イザ五・七）などと賛美しているのに、ほどなくワインを呪う嘆きの声を発するようになる。イスラエルの民は最終的にはフェニキア人（カナン人）などが定住しているレヴァント地方のカナンの地を自分たちの「蜜と乳の流れる約束の地」ときめて侵略し、ここに王国を建設したが（前一二二一―一二〇〇年頃）、この地方にすでに形成されていた官能的な女神系の文化に魅惑され、ソロモン王からしてフェニキアの女に走ってしまったため、預言者イザヤは慨嘆した。「災いあれ、朝早くから……ワインに熱くなって夜ふけまで浮かれている者たちよ。宴席では琴や竪琴が奏でられ、太鼓や笛も加わる。だが主の働きには眼もくれず、御手のなす業に気づかない」（イザ五・一一）。預言者エレミヤになるともっとあからさまになる。彼はイスラエルの神の怒りを代弁して、「私の手から、怒りをまねくワインのみたされた杯を取り、私がおまえを遣わすすべての国の民に飲ませよ。彼らは飲み、酩酊し、私が彼らのなかに送る剣の前によろめくであろう」（エレ二五・一五）と宣言している。この預言者エレミヤに代弁されているヤハウェの姿は、見方によれば、官能的な文化に魅了され、魅了される自己に腹をたて、嫉ましい相手をそれだけ憎悪するイスラエルの民の心を反映したものともいえるであろうが、ヤハウェの怒りはこれだけではおさまらなかった。「飲め、酔っ払え、嘔吐してぶったおれ、私の剣の前で起きあがるな」（エレ二五・二七）とまで悪態をつくにいたる。ワインは旧約の民にとって放縦と堕落の象徴になったのである。堕落したイスラエルの民は熟れたぶどうにたとえられ、神の怒りの圧搾桶に投げ入れられ血をしぼり取られると、預言者たちは予言したものである。ワインがイエスの血を象徴するという思想は、この旧約の陰欝な倫理意識とは異質なものである、といわなくてはならないだろう。

ヨハネ福音書のイエスの「私はまことのぶどうの木、私の父はぶどう農夫である」というぶどうとの自己同一化の言葉を、念のために、旧約時代の預言者たちの一見似たような比喩とを比較してみよう。そうすれば旧約と新約とではぶどうの意味が逆であることがはっきりすると思う。たしかにエレミヤにもイエスの言葉に似たような印象を与える比喩表現はある。この預言者は神を代弁して、「私はおまえ（イスラエルの民）を良いぶどうの木、すぐれた品種として植えたのに、なぜ質の悪い木、品質の悪いものにかわりはてたのか」（エレ二・二一）と叱責している。イスラエ

ぶどう搾り機の中のキリスト
M.J.ドーラー作の綴れ織、1603年
ルツェルン歴史博物館蔵

ルの民は「ぶどうの木」であり、本来は「まことのぶどうの木」であったはずなのであるから、ここにイエスの言葉と相通ずるものがあるなどと我田引水する聖書学者もいるが、しかしホセアの言葉には困惑するだろう。「イスラエルは繁り、実のなるぶどうの木。実が多くなるにしたがって祭壇をまし、その地が豊になるにつれて柱像をますます飾りたてた。彼らの心はひずんでいる」（ホセ一〇・一）。ぶどうの木は豊かに稔れば稔るほど悪の象徴になるというこの預言者の比喩になると、イエスの言葉とまったく逆だからである。

旧約の世界は本質的に、ワインによる酩酊、忘我によって神と一体化するというような宗教体験の伝統をゆるさない世界であった。ワインは瀆神的な要素のある危険なものにみなされるようになった。「ワインが赤く仄光り、杯のなかで泡だつのを眺めるな、ワインの口あたりはよい。だがついには蛇のように咬み、まむしのように毒をまきちらす。おまえの眼は奇怪なものを見、おまえの心はあられもないことを言いだす」（箴二三・三一―三二）と、旧約の預言者たちは、プラトンよりはるかに激しい警告をくり返している。にもかかわらずイスラエルの民は、この警告をないがしろにしたのであろう。「飲め、酔っ払え、嘔吐してぶったおれ、私の剣の前で起きあがるな」と旧約の神ヤハウェは激怒したものである。

水がワインにかわる奇跡

新約聖書のぶどうやワインの比喩はしたがって、旧約の宗教伝統から説明しようとしても無理だろう。イエスのワインの比喩の謎はむしろ、旧約の世界と新約の世界の間に何か決定的に異質なものが存在することを示唆している。新約聖書は旧約聖書とはまったく異質な宗教文化の系譜を背景にしていると考えるべきではないだろうか。この点、新約聖書のなかでもヨハネ福音書はとくに注目すべきものに思われる。ヨハネ福音書は、マルコ福音書およびマルコを下敷きにしたマタイ、ルカの三共観福音書とは全体的に性格がかなり異なっているが、「人の子の肉を食い、その血を飲まなくてはきみたちのうちに命はない」も、「私はまことのぶどうの木、私の父はぶどう農夫である」もヨハネだけが記述しているイエスの言葉であり、このヨハネの福音書にはまた、新約聖書が旧約聖書とはまったく異質な宗教文化の系譜を背景にしていると考えるべきだということを強く促す「カナの婚礼」の物語がでてくる。

あるときガリラヤのカナで、ある裕福な家の婚礼があって、イエスは弟子ともども招かれた。ところが彼の母のマリアも披露宴の手伝いに来ていていた。宴たけなわに、客にふるまうワインが底をつきかけた。母親は息子に「ワインがなくなりましたよ」と耳打ちする。するとイエスは「女よ、私はあなたと何のかかわりがあるのですか？　私の時はまだきていない」と言い返す。母親に対しておそろしく冷たい態度に思えるが、常識的に考えて、イエスは招待主ではなく、招待

カナの婚礼
ムリーリョ画、1665-75年頃
バーミンガム大学バーバー美術館蔵

された客なのだから、ワインがなくなったとつげる相手に、「何のかかわりがあるのですか？」といって当然かもしれないが、マリアはすると召使たちの方をふりむいて、「彼が何といおうと、彼の言うとおりになさい」と指示する。まるで禅問答である。もっともイエスは「私はあなたと何のかかわりがあるのですか？」とマリアにいっておきながら、その場にあった六つの大きな水瓶に水を張らせておいて、それを汲んで宴会幹事のもとにもってゆくよう指示した。運ばれてきた水瓶の中身を幹事がなめてみると、何と上等のワインであった。幹事は驚いて花婿に、宴会はよく最初のうちはよいワインを供しても、みなが酔ったところで悪いのをだすものだが、あなたは最後まで上等なワインをとっておいた、といってほめたというのである（ヨハネ二章参照）。ヨハネがどういう意図で、この奇跡物語を挿入したかはわからないが、神学者や牧師、キリスト教関係者たちは、この奇跡物語をこれまでいろいろに解釈してきたものである。たとえば、「彼が何といおうと、彼の言うとおりになさい」というマリアの言葉は、拒絶にあってもいささかの揺るぎもないマリアの信仰心をしめすもので、イエスの「私の時」というのは、十字架上の死を意味し、水がワインにかわるのは、イエスの死による永遠の救済の始まりのメタファーであるとか、あるいはまたプロテスタントの牧師になると、水がワインにかわるのを古い信仰が新しい信仰にかわる意味なのだと主張する者もいる。聖書を信仰の基とする教徒が、自分の信仰に合わせて我田引水しても、それはそれでいたしかたないことかもしれないが、いまここで問題にしたいのは、ヨハネの念頭にあった水とワインの奇跡物語そのものである。先ほども言ったように、この奇跡物語を挿入したヨハネの意図はわからないが、彼の念頭にあったのはまぎれもなくディオニュソス神話であったと思われる。ディオニュソス神話によれば水はワインにかわる。水といってもただの水ではない。神聖な泉の水である。「神の賜物」という古代宗教的な意味では、水はワインと異なるものではなかった。ヨハネ福音書のイエス自身、水が永遠の命の象徴であることを説いている。サマリアの女に井戸の水を所望したときのことである。当時、ユダヤ人はサマリア人を差別していたから、そのユダヤ人の男(イエス)に自分の汲んだ井戸の水を求められて驚いたこのサマリア女に対して、イエスは「神の賜物」がわかる人間なら、水を求めた私がだれか気づくはずだと暗示を与えておいて、「私が与える水はその人の内で泉となり、永遠の命にいたる水がわきでる」(ヨハ四・一四)と説いている。

古代ギリシア人の心性にも泉の水は神聖であった。「現在アクロポリスのあるところには泉があった。いくどかの地震のおかげで涸れてしまっていて、周囲に小川の流れをのこすのみであるが、昔は全住民に、この泉は夏冬を通じてほどよい水温の水を提供していた」(『クリティアス』、SW. Bd.4, S.114)とプラトンが記述している泉の辺りには、かつてはディオニュソス神殿があったという。ディオニュソスの季節とよばれていた冬期の三ヵ月、アテナイ人たちは、ここへ来て新しいワインを水と合わせて神に捧げ、自分たちも飲んだという。水とワインを合わせたものを奉献してから、共に飲むという儀式は、ミケーネ文明時代からのギリシア語族の宗教的習慣であったが、ケレーニイによれば「沼沢地のなかで崇拝されていたディオニューソスの神殿に、アテーナイ人はまだ新しく甘い葡萄酒であるグレウコス〔新酒〕を、自宅の大きな陶製の容器から酌んで持ち寄り、これを水で割って神に捧げると、自分たち自身もまたご相伴にあずかった」という。このディオニュソス祭祀と新約聖書の記述とをただちにむすびつける短絡はさけたいが、イエスが「私はまことのぶどうの木である」と宣言し、「私の肉を食べ、私の血を飲む者は、つねに私の内におり、私はその者のうちにいる」と約束した言葉は、地中海世界の宗教文化の要素がキリスト教化されているのではないかと推察することはできると思う。いずれにしても、新約聖書のワインの由来は大いなる謎であり、もしこの謎を解くものがあるとすれば、新約聖書がイエスの死後かなりの時間がたってから、四人の人物によって、別の時代にギリシア語で著述されているという事実のなかに探し求めなくてはならないのかもしれない。

註

（1）聖書からの引用は、マタイ福音書を主にするのが慣習になっているが、あえてマルコの福音書からを基本にした。この福音書が最も早く記述され、事実伝達という点に関しては、他の福音書より信憑性が高いからである。現行の聖書がマタイ、マルコの順になっているのは、初期教会当局が意図的に操作したものなのである。マタイは、七〇年代に著作しマルコは遅れること十年、マルコの記述を下敷きにして、イエスが旧約の預言を成就した「イスラエルの王」だということをユダヤ人向けに強調する意図のもとに著作。マタイよりさらに四十年後に著作したルカもマルコを下敷きにしているが　こちらは聖霊をモティーフにして文学的創作をかなりまじえている。ヨハネ福音書は一世紀末に著作されたもので、マルコ、マタイ、ルカの共観福音書とは異質な神学思想を含んでいる。なお引用には、敬語の多すぎる邦訳聖書ではなく、Neue Jerusalemer Bibel. Verlag Herder, Freiburg/Basel/Wien 1985を利用した。

（2）　イエスが食客として招かれた家で、ワインが供されたという記述がないのに対して、オリーブ油が重要な意味をもつ場面は一度ならず出てくる。最も重要なのが、イエスがシモンという男の家の食客になっていたときに、おそらくイエスの愛弟子マグダラのマリアだったと想像される女がいきなりイエスの頭に「高価なナルドの香油」を注ぎかけたという事件である。それをなじり始めた男弟子たちをイエスはたしなめて、「彼女は私に良いことをしてくれたのだ。……できるかぎりをつくしてくれた。つまり埋葬にそなえ、私の体に塗油しくれたのだ。……福音の宣べ伝えられる世界いたるところにおいて、彼女は思いおこされ、彼女のなしたことは語りつがれるであろう」（マコ一四・六―九）と語っている。ワインがこのように重要な意味をもって登場することは最後の晩餐まで一度もない。

（3）　ユダヤ教では、春季の最初の満月の日に過ぎ越しの祭を行なうのにヒントを得て、初期教会当局は、異教の神々の復活神話を吸収する手段として、春分以後の最初の満月の後の日曜日に復活祭を行なうことを、三二五年の公会議において決議している。

第Ⅳ章

古代ローマ、ワインとの因縁

【扉図版】
セゴビア（スペイン）のローマ水道橋

1　ローマ以前のイタリア半島

ワインとエトルリア文明

地中海世界の古代史の知識がまだきわめて不十分だった頃の日本では、ワインについても、「ギリシア人が毎日毎夜ワインに浸っていた頃、イタリアの地では、地中海文明から取り残されたように、ワインの味も知らずひそやかに農漁業を営なんで」[1]いたなどと考えられたりしていた。まさかギリシア人だって毎日毎夜ワインに浸るアルコール依存症のような生活をしていたわけでもなかったろうけれど、アテナイ市民の男たちがシュンポシオン(酒宴)で「ワインに浸」り、プラトンが顔をしかめていた頃、イタリアの地はまだ先史時代の生活が営まれていたように思われていた。ところが事実はむしろ逆で、アテナイ市民がシュンポシオンを催すようになるはるか以前より、イタリア半島の現トスカーナ州からラツィオ州の北部あたりにかけて存在していたエトルリア都市連合では、豊かな貴族たちが夫婦そろってワインの宴を楽しんでいたのである。

初期ギリシアのミケーネ文明が滅亡した後、何世紀もの年月を経て、古典ギリシア文明が新たに形成されはじめた前八〇〇年頃、イタリアの地は、「地中海文明から取り残され」ていたどころか、先進文明が繁栄していたのである。灌漑技術や農業、土木技術にメソポタミア文明と共通するものを身につけていたエトルリア人は、小アジアが大かんばつにみまわれた先史時代のある時期に、リュディア地方から海路イタリア半島に移住してきたセム語系人種と推定されているが、文明の最盛期には、同じセム語系のフェニキア人の植民国家カルタゴと友好関係をむすび、西地中海へも進出していた。両国の商人たちは、互いの港町に滞留して交易活動を行なっていたらしい。同じ場所から発掘されたフェニキア語とエトルリア語の碑文が、それを示唆しているという。

エトルリア商人たちはしかし陸上の交易もしたたかで、アンフォーラにつめたワインを、遠路ライン河、マイン河流域のケルト人の居住地域にまで運んでいる。(2) どのようなルートをたどったにしろ、半島中部からアルプス以北のライン河畔まで数日そこいらですむ旅ではない。それに何が起こるかわかったものではない未開地である。どのような組織のもとに、どのような装備をととのえて出立したかわからないが、中途で商品のみならず自らの命も失うことはまれでなかっただろう。その危険をおかしてでもワインを遠路はるばる運んで行ったのは、それだけの見返りがあったからである。ワインはケルト人にとっておそろしく高価なものであったにちがいない。現代ならさしずめシャンペンの「ドン・ペリニヨン」(3) をありがたがる者のように、支配層はエトルリアワインにとびついたのだろう。これを商人たちは塩などの重要な生活必需品に加え琥珀、瑪

エトルリアの宴会
前480年頃、〈豹の墓〉壁画、タルクィニア、モッテロッツィ墓地

瑙などエトルリア貴族の重宝がる装飾品の原料と交換して持ち帰り、またひと商売したわけである。と同時に考えられるのは、これだけの遠路をもちこたえるほどアルコール度の高いワインを醸造する技術ならびに貯蔵法をエトルリア人が会得していたということである。アルコール度が低ければ日持ちも悪いし、雑菌に対する抵抗力も弱く、はやばやと劣化してしまう。[4] エトルリアワインが上質だったことは、後代のローマ人がサビナワインと呼んで重宝していることからも想像がつく。ちなみに現イタリアのトスカーナ州といえば、サンジョヴェーゼ種のこくのある赤ワインが有名だが、エトルリアの時代すでに何種類もの小アジア系の品種が移植されたということは、大いに考えられる。しかしこのトスカーナ州からはヨーロッパ系元祖のヴィティス・ヴィニフェラの化石が出土しているように、野生ぶどうが繁茂

エトルリア人たちの酒宴
前530年頃、ナポリ、国立考古博物館

していたにちがいないから、ウィスラ種[5]などは、移植種と現地の野生種との交配やつぎ木によってトスカーナの風土により適したものをエトルリア人がつくりだしたか、あるいはぶどうの木みずから分岐種や変種を生みだすのにまかせ、それを淘汰選択していったか、技術的な詳細は不明だが、いずれにせよエトルリア人は良質なワイン品種を育てていたのである。このエトルリアのおかげで、ケルト人の部族の一部は早くから、自分たちの土地では栽培不可能なぶどうの実から醸造される地中海世界のワインの味香に魅了されるという経験をしていたわけで、ワインは彼らの南方憧憬の大きな要素になっただろう。インスブレス族のように、アルプス以南の現ピエモンテ、ロンバルディア州辺りまで南下して住み着いた部族もいる。

エトルリアの宗教とワイン

エトルリアの貴族たちのワインの宴がどのようなものであったか、楽士や踊り子をはべらせていたのは墓室壁画からわかっても、巫女(神殿娼婦)もいたかどうかとなると、想像をたくましくする他ないが、この宴の存在を伝える壁画や彫像がすべて発掘された墓室や陶棺のものというのが、この文明の宗教的な意味を伝えていると思う。この宴は宗教儀礼的な性格をもっていたのである。死の宮殿と呼ばれるほど墓所の建設やその内部装飾に精魂をこめていたというエトルリア人の催すワインの宴は、死者と生者の交流を可能にしてくれるものでもあったにちがいない。ちなみに「唯一の、宇宙の、総体の」という意味の前綴りの「ウニ〜(英語発音はユニ〜)uni—」は、三相をもつ太母神のエトルリア語に由来しているのであるが、この女神ウニと語源を同じくするヨニ(女陰)は、生の世界と冥界との門を意味していたのである。だいたい古代社会の饗宴というものは、一族の生命更新の祈念のこめられた儀礼であったが、エトルリア人の場合は、そうした宗教儀礼的な性質のワインの宴を催している間は、冥界とこの世の間を霊魂が往来するという信仰が強かったのかもしれない。エトルリア人も商業民族であると同時にきわめて宗教的であったという点に、同じセム語系のフェニキア人と共通するものが認められるが、現代人からすれば、宗教的というより迷信的と言いたくなるような人種でもあった。生け贄の肝臓で占いをする占い師でもあった神官たちは、官能的な文明の繁栄のただなかにあって、すでに国家滅亡の時期を肝臓占いによって予言していたという。

ワインの神ディオニュソスの町

現トスカーナ地方はエトルリア人によって本格的なぶどう栽培が始められたのであるが、半島南部やシチリア島にはフェニキア人が早くからぶどう栽培やワインづくりの技術をもたらし、これを追いかけるようにギリシア人も植民活動を展開していた。土地のやせたペロポネソス半島からやってきたギリシア人は、カンパニア平野の肥沃な大地をエノトリア・テルス（ぶどうの大地）と賛嘆したものであったが、エトルリア人もカンパニア地方を狙って南に勢力範囲を広げ、前五二四年に先住オスク人の集落ポンペイを奪い取って城壁都市を建設している。

ポンペイが有名なヴェスヴィオス火山の大噴火により一夜にして壊滅したのは、もうローマ帝国に併合された後代の七九年のことであったが、皮肉にもローマ文明に完全に吸収しつくされ文化的原形が失われてしまう前に火山灰に埋もれたため、発掘された遺跡にエトルリアの宗教文化や生活習慣の名残りを認めることができるのである。発掘された町の廃墟に二百軒以上のワイン酒場跡があり、ポンペイ市民たちがそれこそ文字通り「毎日毎夜ワインに浸っていた」(6)姿がしのばれる。また城壁外に発掘されたヴィラ・ディ・ミステーリと称される女司祭の大邸宅には、ぶどう圧搾器やワイン貯蔵庫の備わっていたことが確認され、女司祭が広大なぶどう園の所有者で

ぶどうの房として表現されたディオニュソス(バッコス)
ポンペイ、〈センテナリオの家〉壁画、後1世紀、ナポリ、国立考古博物館

ディオニュソスの秘儀
ポンペイ、〈ヴィラ・ディ・ミステーリ〉壁画、前1世紀

あったことがしのばれるが、邸宅跡にはディオニュソスの秘儀の壁画の描かれていた部屋も発見されていて、ポンペイがワインの神ディオニュソスを崇める古代都市であったことが判明している。ギリシア植民がシチリアにもたらしたディオニュソス信仰が伝播していたのかもしれない。

2　共和制ローマから帝国へ

ワイン嫌いの初期ローマ人

このエトルリア人を幻の民にしたのがインド・ヨーロッパ語系イタリック族のローマ人であった。北方から半島西海岸沿いに南下してきたと思われるこのイタリック族は、前一〇〇〇年頃、現ラツィオ州南部にあたるラティウム地方の海岸よりに定住し、前八世紀半ば頃ローマと称する部族の族長が他集落もたばねて王国を建国した。ローマ人の伝説によれば、最初の王ロムルスは牝の乳で育てられた双子の片方だという。王国といってもごく小規模なもので、先史的な集落大連合といった程度のものであり、おそらく族長頭だったロムルス以後しばらくは、先進文明国エトルリアの行政支配下に入り、エトルリア人の王をいただいている。この間にしかしローマ人は、エトルリアの建築土木などの先進技術を熱心に学びとったのみならず、エトルリアを介してギリシア文字を受容し、これをラテン文字へと発展させていった。しかしギリシア語族同様に、すでに父権制社会を構成していた彼らは、エトルリアの母神宗教は受けつけなかった。占卜《ぼくせん》や人身御供を忌避したのみならず、ワインもむしろうさん臭いものにみなしたものである。神にワインではなくミルクを献じたという伝説の王ロムルスにより建国されたローマ人の初期社会について、後代のプリニウスはこんな例をあげている。「ローマでは、婦人たちがブドウ酒を飲むことは許されていなかった(キケロ『国事について』四・六)。いろいろな事例のあいだにみつかるものとして、たとえば、エグナティウス・マエテンヌスの妻が、酒樽からブドウ酒を飲んだというかどで夫に棍棒でなぐり殺されたが、しかし夫のほうはロムルスによって殺人の罪をとかれたというのがある」(加藤直克訳、以下同)。

初期のローマ人は飲酒をきびしく制限し、とくに女性の飲酒を禁止する法令まで定めていた。(7)このイタリック族にも個人的、部族的な次元では、さまざまな土俗的な神々や戦いの神は存在していたが、それまでの古代文明に君臨していたような神殿国家的な次元の神ではなかった。建国以来ローマ人が国の土台の支えにしたのは神殿祭祀や神官や巫女の占卜ではなく、自らが制定した法律であった。神殿より法律を国家の重要な土台にしたことは、古代世界にあって驚くほど合理的な思惟構造であるが、この法の制定を可能にしたのは、すぐれた文字を生みだしていたおかげである。文字なしには普遍的な法の制定は不可能であっただろう。「文書が社会の現実を確固たるものにする。以後同じ言葉がどこであろうと、いつであろうと通用するからである。文章が最初の法典編纂を可能にし、厳粛にして動かしがたい伝統を打ちたてるのである」（ブルンクホルスト）。

共和制ローマを変質させたカルタゴ（ポエニ）戦争

ローマ人は神官でもあったエトルリア人王をまもなく追放し、挙国一致態勢の共和制をしくと、逆にエトルリア都市連合の制圧にのりだし、都市をすべて解体してしまい、その文明を吸収同化するという形で終焉させた。ここからの古代ローマの歴史は、もうすでによく知られているが、やがてローマはポンペイをはじめ南部のギリシア植民都市なども制覇してイタリア半島の主要地域を統合する。エトルリアにとってかわって地中海に進出してこようとする新興ローマに脅威を感じたカルタゴ帝国は、これを阻もうとして、ローマ共和国と正面衝突することになり、前二六四年、ローマ史ではポエニ戦役ともよばれているローマ・カルタゴ間の大戦争の火ぶたが切って落とされた。あっというまにローマがシチリアを奪いとり、最初はあっさり勝敗が決したかにみえたのだが、現スペインの東部に建設されていたカルタゴの姉妹国家の新カルタゴにハンニバルという知将が現われ、象兵軍団を率いてイタリア半島に侵攻してきて居すわったため、一転してローマは国家存亡の危機に陥った。しかし海軍がハンニバルのいわば留守宅である新カルタゴを海から奇襲する策に出て形勢を再逆転し、勢いにのってカルタゴ本国にも攻めあがり、最終的な勝利をおさめたのであった。ローマはカルタゴ帝国を徹底的に破壊しつくし、地中海をわが海と呼ぶ世界帝国への第一歩をふみだすことになった。(8) ところがこの戦勝がローマ人を変質させることになる。世界帝国建設への道がじつは滅亡への第一歩でもあった。

ローマ人の変質とワイン

まず農業経済的に急激な変化が生じた。当時の北アフリカはカルタゴが大農場を営んでいた緑豊かな大地であり、これがシチリアに加えてローマの大穀倉地帯となったために、安い穀物が半島本国に大量に流入することになった。それまで小規模な穀物農業を営んでいた自営農家は、オリーブやぶどうの栽培に転じても、いわば自給的な規模以上になるはずもなく、結局は大半が農地を手放して農奴と化す他ない事態においこまれ、一方元老院議員をはじめとする富裕階級は、旧カルタゴ属州のただ同然の土地を奪いあい、カルタゴ方式をまねた大農園経営にのりだした、といって自ら直接経営に従事したわけではない。戦利品の奴隷たちを労働力にしたのみならず、経営もこの奴隷のなかの教養ある有能な者に任せ、自らはひたすら財力を貯えることに専念し始めたのである。その農園経営の有望株はいうまでもなくぶどう栽培であった。ワインが高利を生

ワインを酌みかわすプットーたち
ポンペイ、〈ヴェッティの家〉壁画、後1世紀

む商品であり、ぶどう農園が最も有利な投資の対象であるということがはっきり意識されるようになったのは古代ローマ時代からだろう。また権力欲をみたすには財力が不可欠という風潮が生まれ、元老院議員たちの心根からは共和制初期の愛国的な使命感は消え、彼らは私利私欲の追求にあけくれるようになった。貧しい者たちには小麦を無料給付して助けた挙国一致の連帯性はもう昔の物語で、市民皆兵制もまた骨抜き状態となった。富裕になった支配階級が、これまたカルタゴの傭兵制度をまねて、私兵を抱えるという習慣を根づかせたため、軍団兵士たちもそれなりの報酬や見返りがなくては動かなくなったのである。経済構造の変化は人の心も変えるものである。庶民の生活感情も急速に変化していった。カルタゴとの交易などで繁栄していたポンペイの住民たちの享楽的な生活習慣が首都にも波及し、老若男女入り乱れて飲めや歌えの騒ぎ（バッカナリア）が各地で見られるよう

になった。ローマのバッカナリアは、ギリシアのディオニュソス祭以上に宗教性の稀薄な、世俗化された頽廃的な乱痴気騒ぎであった。宗教的意味を喪失した酩酊、乱交は、またこの宗教的意味など認めなくなった社会においては、倫理をはずれた淫蕩、淫行、放蕩といった悪徳の範疇に入るものでしかなくなる。元老院はバッカナリアを、国家社会を脅かすものとして法規制し、押さえ込もうとしたが、元老院議員自身の倫理観もまことにあやしくなっているのに、庶民の憂さ晴らしでもある酩酊騒ぎだけを根絶しようとしても無理というものであった。とにかくロムルス時代の飲酒規制はとっくに反古になってしまい、ワインはローマ人の生活に欠かせないものとなった。そうして首都ローマがワインの大消費地となった時代の富裕層には、ギリシアやクレタ、小アジアの高級ワインを選り好みして取りよせる贅沢もあたりまえなことになっていた。

3　ローマ軍団の進軍とワイン文化の拡大

ワインとマッシリアの繁栄

ローマ人がガリアと呼んだ地方（現フランス、スイス、ベルギーにかけての地方）は、前六〇〇年頃フォカイア人(9)が建設した植民都市マッシリア(現マルセーユ周辺)をのぞくと、ケルト人(ガリア人)(10)の大小あまたの部族が縄ばり争いをくりひろげる世界であった。なぜか文字への関心の薄かったケルト人には、統一国家や国家連合を建設する文明能力が育たず、ガリアの地でも互いに勢力争いをくり返すばかりであり、そういう諸部族の間にフォカイアのワイン商人たちは分け入って、暴利をむさぼったものであった。ワインの味香に魅了されていた酒好きのケルト人がどれほどの代償を払ってでもワインを手に入れようとしたからである。ワインに夢中になった族長クラスにはアンフォーラ一個のワインに奴隷一人をさしだす者もいたという有名なエピソードも伝わっている。建設初期のマッシリアはエトルリアやギリシア、クレタ島のワインを輸入して商っていたようだが、前四世紀以降になると、イタリア半島南部のカンパニア産のものが取引の対象の主流になり、また自前のワインも商品化するようになっていたから、いうならばマッシリアはフランスワイン発祥の地である。カルタゴが滅亡した後は、それまでフェニキア人に阻まれていたイベリア半島の沿岸ぞいの海路を使って大西洋へ出ることも可能となり、マッシリアは経済的繁栄を大いに享受したものであった。

軍需物資としてのワイン

ところがこの植民都市マッシリアは前一二〇年頃、南下してくるケルト部族に脅かされるよう

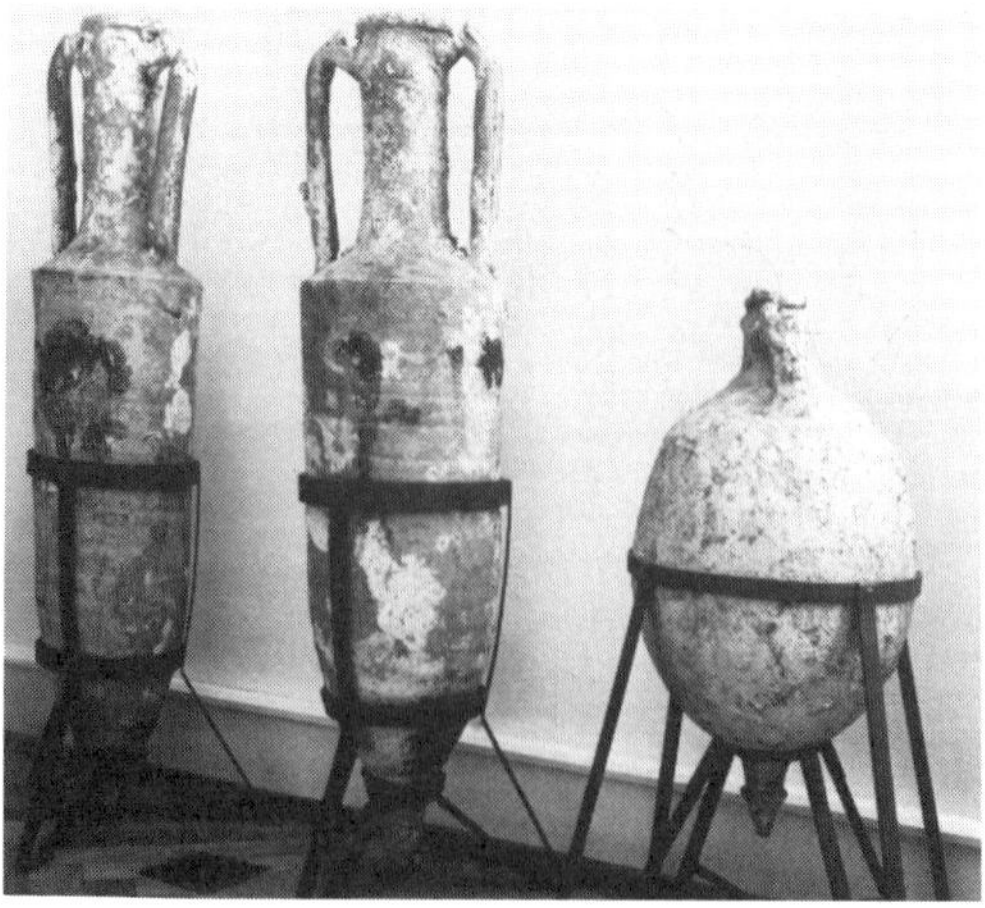

ローマ時代のアンフォーラ
マインツ、ローマ・ゲルマン博物館

になる。そこでローマに救助を求めた。待っていましたとばかり進軍してきたローマ軍は、このケルト部族を北へ押しもどすと、マッシリアを囲むようにしてガリアの地に最初の属州（プロヴィンキア）ナルボネンシス（現プロヴァンスからラングドックにかけての地域）を創設したものであった。するとここもまた一山あてようとたくらむ者たちの入植競争の場と化し、ぶどうやオリーブの農園が急速に開拓されていった。前五八年にユリウス・カエサル（前一〇二—四四）がガリア征伐を始めると、この属州ナルボネンシスは軍需景気にわきかえった。[11]というのも、もうこの時代になると、ローマ軍団の兵士たちは、ワインなくしては意気があがらないというほどになっていたからである。ワインはいわば日常の飲料として、いまや重要な軍需物資であり、ワインを詰めたアンフォーラが進軍する軍団を追いかけなくてはならなかったのである。

ユリウス・カエサルのワイン戦略

いつまでも文字をもたず、統一国家を生み出す統合能力も、あるいは部族連合を形成する連帯感情もとぼしく、部族単位で競合をくり返していたガリア（ケルト）人諸部族にとって、互いに敵か味方かはとくに人種に関係がなかった。アロブロゲス族のように、いちはやく自らの存続をローマへの恭順に託す部族もあれば、この部族に敵対して南へ勢力をのばそうとしていたヘルウェティ族のように、北方のゲルマン人を呼び寄せる部族もいるという具合であった。ガリア征伐にやってきたカエサルも、ローマに抵抗する部族の後ろ盾を自負してレヌス河（現ライン河）を渡河してきたゲルマン人スエビ族をまず打たなくてはならず、いち早く軍団を北上させたものであったが、彼が『ガリア戦記』に、このゲルマン人について、「葡萄酒はいっさい自国に輸入させない」「彼らは酒類が労働に耐えられぬほど人間を骨抜きにし柔弱にすると信じているのだ」（國原吉之助訳、以下同）と記しているのに注目させられる。このゲルマン人の態度が共和制初期のローマ人を想起させるからでもあるが、カエサルから約一世紀後代の歴史家タキトゥスが『ゲルマニア』に、ゲルマン人のことを、「彼らは渇き（飲酒）にたいして節制がない。もし彼らの欲するだけを給することによって、その酒癖をほしいままにせしめるなら、彼らは武器によるより、はるかに容易に、その悪癖によって征服されるであろう」（泉井久之助訳）と書いているからである。

ゲルマン人も、ことワインになると、ローマ人に負けぬくらい変わってしまったようであるが、カエサルがガリア平定に乗りだした頃のガリア人がまさに、後にタキトゥスの言うゲルマン人の状態であった。飲酒に節制がなかった。何かというと酒盛りし、鳥獣の肉や麦の粥をたらふく食って、タキトゥスが「品位のない液」[12]と軽蔑した同じビールをがぶ飲みしていた。ビールといっても現代のホップ入りの透明なビールとは似てもにつかないどぶろくである。麦のどぶろくだから蒸留酒の焼酎以上に臭いものだっただろう。臭みを消すため薬草を入れたりもしていたが、これをがぶ飲みし、酔うと仲間内でもすぐに喧嘩をはじめ、刃傷沙汰になることもめずらしくなかった。ガリア人がワインに目がなく、また何かというと対立しあう性癖がある点を見逃さなかった政略家のカエサルにとって、ワインはガリア人を懐柔したり仲間割れさせたりする武器以上の武器になった。

カエサルの商才とワイン

暗殺されずに長生きしていれば、もっと多くの著作物を遺していたと思われる文筆家であったカエサルは商才にもたけていた。進軍する先々に、ローマ商人たちを呼び寄せて商売を勧め、リベートで私腹をこやし、財をなしたものである。商人たちにとって交易効率のよいのはいうまでもなくワインであった。なかでもギリシア系アミナエ種から醸される甘口の白ワインなどは、ロマネ・コンティなみの高値で商売できたにちがいない。カエサル自身も「独裁執政官だったとき、彼は勝利を祝う饗宴にファレルヌス酒のアンフォーラとキオス酒の壺をいくつか会食者たちに分配した」(プリニウス)(13)り、何かと催す祝宴にシチリアのメッサナ(現メッシーナ)近郊のマメルスワインをはじめ、エーゲ海の島キオスやレスボス産のものやヒスパニアのファレルヌスワインなどを取り寄せるなど、相当なワイン好きであったようだが、ワインで人心をうまくつかむ術もよく心得ていた。商人たちも利益をもとめ、拡大する軍団の後を追ってガリア地方に競うように出張していったが、戦地で活動する彼らは思わぬ被害をこうむることもまれではなかったようである。戦争末期のある戦闘のおりに、ローマの同盟部族であるはずのハウェドゥイ族の一軍団が、「商用でそこに住んでいたローマ市民にも、城門からでることを強制する。彼らが行進しはじめると、いきなり襲いかかり、荷物を剥奪」(『ガリア戦記』)したとカエサルが憤慨しているように、商人たちは財産を奪われたり、拉致されたりしている。

軍団の進軍にはついてゆけなかったぶどうの苗木

ワインの宗教的な意味は、ローマ人の生活意識からもうほとんど消えていたが、やはりそれでもぶどうの木は特別であったようである。百人隊長のぶどうの枝木製の指揮棒が上級兵士に対してのみ懲罰用の鞭にも使用されたというのは、下級兵士はこれに値しなかったということかもしれない。ところでローマ軍団の一般兵士の食物は、いまの日本人が抱いているイタリアの食文化の固定観念とはまったくちがう。似ても似つかないといってもよいだろう。穀物や豆類が主で、これに干し無花果《いちじく》、ベーコン、チーズなど加わるのが通常で、羊や豚の肉などは現地で調達できる場合に限られるご馳走であった。この質素な食事をワインがおぎなっていた。ヘミングウェイの『武器よさらば』に、第一次世界大戦中、北イタリアでオーストリア軍との戦いに疲れたイタリア兵士たちが、後方陣地の兵舎に戻ってきて、ピエモンテ州の地ワインを飲みながらスパゲッティーを黙々と食べる場面が出てくる。もちろんこのトマト味のスパゲッティーは、ローマの兵士たちには夢想だにできないものだったろうけれど、ワインは共通している。現代でも、イタリア人にとってワインは何より食事の際の飲料であり、ワインの消費量がフランスと並んで高いイタリアで圧倒的に飲まれているのはテーブルワインである。

ローマ軍団の兵士たちは、ワインがなくては意気があがらなかった。海路マルセーユまで輸送されたアンフォーラが、西のボルドー地方へはガロンヌ河を、北へはローヌ河を利用して、ぞくぞく運ばれていった。水路のとぎれる辺りは、しかたなく荷馬車などに積みかえられたことだろう。二十世紀初頭にブルゴーニュのソーヌ河の河底から、イタリア製アンフォーラのおびただしい数が出土している。ローマ軍団が進撃してくるまでのブルゴーニュ地方は、ハウェドゥイ族が

南仏、デュランス河でのワインの輸送
2世紀後半頃、アヴィニヨン、カルヴェ美術館

丘陵地の拠点集落ブラクテ（現オータン）を中心に穀物を栽培していただけで、ソーヌ河畔は岩だらけの湿地帯にすぎなかった。ローマ軍兵士たちはこのソーヌ河を浚《しゅん》渫《せつ》し、流域の原始林を伐採して、さらに北のモーゼル上流までの道路建設を急いだのであった。つまりブルゴーニュ地方は、まずワインをはじめとする軍需品の輸送路として開拓されたのである。

　水路を使用するにしても、遠路ワインを運ぶのはなみたいていのことではない。ワインの消費地にできるかぎり近いところに生産地をもうけようという考えが起きてふしぎではない。平底荷船の航行できるガリア地方の河川の流域にぶどうの苗木がもちこまれた。しかしぶどうの苗木は、軍団のようにどこまでも北上するというわけにはゆかなかったのである。西へ峠を越えて大西洋側に進むこともかなわなかった。気象、風土があまりにも違っていた。何度植えてみても、ワインを醸造できるような木には育たなかったのだろう。地図を広げてみれば、南フランスの地中海沿岸地域が西北から東北にかけてセヴァンヌ山地にかこまれるような地形になっているのがわかるが、この山岳地帯が当時のぶどう栽培の北限をなし、いまでは銘醸畑を誇るブルゴーニュやボルドーも、まだかなりの年月、地中海世界より運ばれてくるワインの北方への重要な流通ルート以上にはなれなかったのである。

4 パックス・ロマーナ（ローマの平和）

属州の浴した恩恵

周知のようにユリウス・カエサルは前四四年に暗殺される。カエサルの死後の権力闘争を勝ちぬいたのは彼の甥のオクタヴィアヌスであったが、共和制を廃し、皇帝アウグストゥス（前六三―後一四）を名のり、ローマ帝国の誕生させたこの男は、膨大な世界帝国の幻想にとりつかれ、東はエジプトも支配下におき、西方は現北ドイツのエルベ河畔にまで軍団を進めようと企てたものであった。しかしさすがにこれは挫折し、ライン河沿いに対ゲルマン防衛線をかためることに落ちついた。これで表向きは安定したパックス・ロマーナ（ローマの平和）がしばらくつづくことになるが、この恩恵に浴したのは属州である。ヒスパニアは首都ローマを模した大都市メリダをはじめとして建築ラッシュにわき、農産業関係では、とくにフェニキア人によってぶどう栽培技術がもたらされていた南部地中海沿岸地域（現アンダルシア）がワイン産業によって繁栄することになった。ディオンによれば、この地域の貨幣にはぶどうの絵柄が刻印されていたほどである。栽培はしかしぶどうだけではなかった。オリーブや無花果、オレンジなどの栽培面積も拡大している。ローマにとって軍事、政治的により重要な意味をもつガリアの発展もこれに劣らなかった。ルテチア（現パリ）をはじめとするガリア諸部族の拠点（キヴィタス）は都市化され、これらを結ぶ街道建設や水道工事が急ピッチで進められると同時に、ガリア人もまた急速にローマ化していった。ちなみにこの時代からローマ帝国滅亡までがガロ・ローマ時代と呼ばれる時代である。属州ナルボネンシス産のワインは、西へガロンヌ河をくだってボルドーの港で船積みされ、その先のジロンド河から海路を北方へと輸送されるルートも開拓されたが、北方へはロダヌス河（現ローヌ河）を、リヨンからはブルゴーニュのソーヌ河をさかのぼり、一部はさらにヨンヌ、セーヌ河をくだってルテチアまで運ばれ、他は同じブルゴーニュから北上してモーゼル河上流の軍団駐屯都市トレヴェロルム（現トリーア）に届けられ、ここから今度はモーゼル河を下っていった。何といっても対ゲルマン防衛線に駐屯する軍団に、ワインはとぎれることなく供給されなくてはならない軍需物資であった。

もともと農業技術に優れたものをもっていたガリア人が、いつまでもワインを高く買わされるより自分たちでぶどうを栽培しようと思いたつのは当然のなりゆきだっただろうが、前述のセヴェンヌ山地という自然の障壁に加え、ぶどう栽培の権益を手放すまいとしてガリア人に植栽を許そうとしないローマ人が人的障害になって、なかなか思い通りにはならなかった。ロダヌス河流域に居住するアロブロゲス族のように、最初からローマにひいきにされていた部族だけは管轄を任された領分にぶどうを植える「ローマの権利」を与えられたが、それもセヴェンヌ山地が河にせまるヴィエンヌ峡谷より南のわずかな部分に限られていた。この峡谷が地中海品種の北上を拒んだのである。この自然障害をぶどうの苗木が越えるまでには、最初のローマ軍団がここを通り過ぎて行ってから、なお百年以上の年月が経過しなくてはならなかった。

ワイン文化の精神構造

イタリア本国のぶどう栽培も半島全体にひろがり、ギリシアへも逆輸出するほどの生産量を誇るまでになった。と同時に富裕層はワインをそれぞれ自分の好みにあわせて選択するようになった。広く名の知られたものを、付和雷同式にほめるのではなく、むしろ自分の好みを優先させ、自分の好みにあったワインを求め、ワインの個性に注目するようになったのも古代ローマ時代か

ぶどう踏み
2世紀後半、ヴェネツィア、国立考古博物館

らであろう。たとえば皇帝アウグストゥスは、プリニウスによれば、ラティウム地方（現ラツィオ州）地方の「セティア産のものを他のすべてのブドウ酒より好んだ」が、妻のイリュリアは「プキヌム［現ヴェネト州］産のブドウ酒に忠誠を尽くし、他のブドウ酒を一切飲まなかった」という。もちろんこういう選り好みは富裕な支配層にしか許されないものであったが、ローマ時代のぶどうの品種はもはや数えきれないとプリニウスは書いている。彼はソムリエよろしく、色々な品種の特徴を書きとめているが、ワイン文化のこの傾向は、帝国統一運動とはまさに方向を逆にするものであった。地中海世界を統合してゆくことは、すべてを共通のものによって統一化することであった。これを可能にしたのは、何より法律の普遍化であり、とくに西方の属州はラテン語による言語統一であった。属州ヒスパニア、ガリアは急速にラテン語化されていった。ところ

が「ブドウにはそれぞれに特別な好みの土地があり、それらの土地に、ブドウの名誉ある名をすべて残し、どこにもすべてそのまま移植されることはあり得ないのである」(プリニウス)という、ワインの品質と土地柄の個性を尊重する姿勢は、この統一化とは逆方向の文化意識である。前代未聞の大帝国となったローマにおいて、これと拮抗する文化意識もまた育ってきたというのは、留意すべき現象であり、ヨーロッパ文化を観察するときに考慮しなければならない要素であると思う。

5　半島本国のパックス・ロマーナの内実

皇帝アウグストゥスの功過

パックス・ロマーナといっても、半島本国の内実は平和などといってよいものではなかった。皇帝アウグストゥスは多大の業績をあげたが、その自信過剰からか、将来に大きな禍根を残す愚行にも走った。そのひとつは、自らを神格化しようと神殿国家の復興を企てたことである。彼自身、太陽神アポロンの息子と称したものであったが、この皇帝のおかげでローマに古代宗教が復

ゲンマ・アウグステア（アウグストゥスの宝玉）
上段やや右よりに半ば神格化された皇帝の姿がみえる
後10年頃、ウィーン美術史美術館

活するという社会現象が生じることになった。たとえば小アジアの女神アルテミスは女神ディアーナに名をかえディオニュソス信仰とむすびついてひろがり、ガリア地方にも伝播すると、ここでさらにガリアの自然宗教、女神崇拝と混合していった。これは共和制を確立した当時のローマ人の近代的思惟形式にまるで逆行するものであった。愚行のもうひとつは、皇位を世襲制にしたことである。以後元老院や軍をまきこんだ皇族たちの権力闘争、陰謀、流血がローマの年中行事のようになり、アウグストゥスの孫の世代すでに、この権力闘争に拝金主義、性的頽廃、倒錯、貪欲、贅沢、嫉み、残忍、裏切りなどなどがからみついて、まさに悪徳の百花を繚乱させていた。一般市民の富裕層もまた宮廷の向こうをはり、見栄をきそって贅のかぎりをつくす宴会を催し、まるで吐くために飲むかのような馬鹿げた光景が展開されるようになった。まさにワインがこの人心の頽廃に貢献するというありさまであった。

悪徳の伴侶としてのワイン

これまでにもすでにひんぱんに引用してきたガイウス・セクンドゥス・プリニウス（二三―七九）[15]も、「世界規模の拡大と物の豊かさを獲得した代わりに、学芸による生命活動が衰退した。元老院議員の選出も裁判官の任命も財力によって行なわれ始めた」といって批判し、「人間の精神を急変化させ、狂気を生じさせるようなものに、人間の生命は何と多くの労力と費用を費やしていることか」、「酒飲みのうちでも、とりわけ用意周到に仕組む者たち」は、「浴室でゆだり、意識を失ったままの状態で、そこから運びだされる」が、「何と下着もつけずに素裸のまま、そこの食事の席にまっしぐら、あえぎながらも自分の力を誇示するかのように」「途方もなく大きな杯をひっつかんで、なみなみとついだその中身を体内に流し込んでしまうと思いきや、すぐ吐きだして、またしてもあらたにぐいっと飲み干すのである」「あたかも酒をどんどん浪費するためにうまれてきたかのようである」と慨嘆している。プリニウス一人例外ではない。詩人ユウェナリス（五〇頃―一三〇頃）も、「悪徳がこんなに豊かに実った時があったか。貪欲がこれ程大きくその懐を開いたことが」と憤慨し、「宝石の嵌った器を受け取った時は、純金の大杯に、セティア酒が煌めくときは、毒がないかと警戒するがよい」（國原吉之助訳）とはじまる長い風刺詩を書いたものである。

比喩ではなくじっさいまたワインには毒入りもあった。ローマ時代も甘口ワインを得るために、摘みとったぶどうの房を乾燥させて半干ぶどう化するというクレタ文明以来の方法を採用し、これは現代のイタリアでも古代の伝統的な方法として、ヴェネト州などで継承されているが[16]、さらには煮つめたぶどう汁を加えるという方法も考えだした。しかしこれくらいでやめておけばよかったものを、甘口を求めるあまり、とんでもないことを思いついたのである。鉛の使用であった。アンフォーラに貯蔵するワインがしみでたり腐敗したりするのを防ぐために、ギリシア人がアンフォーラの内壁に松脂を内側に塗っておくという知恵を働かせたのに対し、ローマ人は、鉛の防腐作用に目をつけ、これをワインの腐敗予防に使用したのである。鉛の抗菌力は、人間にも有毒な鉛毒のためだというところまでは知識がおよんでいなかった。それどころか鉛毒にワインの酸味を和らげ甘味を感じさせる効果もあるのを一挙両得とよろこび、鉛製酒器を愛用する者が少なくなかった。鉛製酒器を愛用して鉛入りの甘口ワインを常用すれば、慢性の鉛中毒による神経麻痺をおこしたり、生理機能に異常をきたすのはほぼまちがいなかったが、当時の医学にはおそらく原因不明の難病であっただろう。ちなみにローマ皇帝は、暗殺されなければ原因不明の病死というのが圧倒的に多い。ふしぎなことである。

セネカの生涯が代弁する世情

ここで少し時代をさかのぼり、いま引用したプリニウスやユウェナリスに先んじてすでに、「人間の痕跡を少しでも残している者ならば、誰が昼も夜も快楽にくすぐられ、心を見捨てた肉体に奉仕することを望むであろうか」（茂手木元蔵訳）と自分の時代のローマの世情を冷笑した哲人ルチウス・アナエウス・セネカ（前五―後六五）を引き合いにだしてみたい。といっても、このような警世の言葉を書き連ねた書物ではなく、彼自身の生涯に、当時の世情を語らせるほうが、パックス・ロマーナの内情がもっと具体的になると思う。彼の父親は属州ヒスパニアに安住の地を求めたローマ貴族の一人であった。しかし息子の教育は本国というわけで、セネカはローマの伯母元にひきとられて成人した。若くして元老院入りをはたした切れ者だったが舌禍をまねき、時の皇帝カリグラに死刑を宣告された。ところがそのカリグラが、コロセウムの競技開催にばかり夢中になって三年間で国庫を破綻させたものだから、そのコロセウムで暗殺されてしまって、おかげでセネカはあやうく死刑執行を免れたのである。若い皇帝が謀殺され、次に皇帝になる世襲の人材も欠いたまま、とにかく世襲制をまもるため、中老の叔父クラウディウスがかつぎだされた。若い頃よりワインと女に目のないこの男は、思いがけず皇帝になると、三十五歳も年下の貴族娘メッサリーナを三度目の妻にしたものである。甘やかされて育ち、うぬぼればかりが強いメッサリーナは、これまた思いもよらなかった皇后の地位に有頂天になり、わがままと放縦のかぎりをつくし始めた。セネカはセネカで今度はカリグラの妹ユリア・リヴィアとねんごろになって、メッサリーナの嫉妬の怒りを買い、コルシカに流刑される。やりたい放題のメッサリーナは皇帝の留守中に若い元老院議員と結婚披露宴まがいのことまでやってのけ、国家反逆罪の名のもとに謀殺される。待ってましたとばかりその後釜に座ったのがユリア・アグリッピナというカリグラの別の妹で、コロニア・アグリッピネンシス（現ケルン）在住時代に軍将校との間にもうけていた連れ子のネロを皇帝にしたて、自分が後見人の形で帝国の実権をにぎろうという野望に燃えたのである。皇后になると、逆にセネカをコルシカから呼びもどして息子の帝王学の家庭教師に抜擢し、ついで夫クラウディウスは毒茸入りの料理で絶命させて得意の絶頂にたった。しかし彼女の誤算は、皇帝にしたてた当の息子ネロ（在位五四―六八）が母親の専制に反抗しはじめたことであった。しかも背後から画策したのが皇帝補佐役のセネカである。逆上したユリアは二人の失脚をはかったが、セネカは先手を打ち皇帝も自らも救った。ところがまもなくネロは親友の妻に横恋慕して、この友人を属州に追放するという横暴をやり、これを痛罵した母親も私兵を送って殺害させてしまう。皇帝といえども母親殺しは許されない。しかしセネカがまたしても一肌ぬいだ。政治的野望をすてない皇妃の国家反逆罪に対する処刑であったと元老院を言いくるめたのである。セネカはふたたび皇帝を救ったのではあるが、この男に統治能力の育ちようのないことは、とうに見ぬいていたから、政治無能の皇帝を操りながら、裏で近衛軍団の長官ブルルスと手を組み、帝国の実権を手中におさめた。権力の座についたセネカはさかしくたちまわり、開発途上の属州ブリタニアを食い物にする高利の投資などで巨万の富を築いたいっぽうで、「どんなことがあっても決して馬鹿げた軽はずみなことを好むことはなかったのに」(プリニウス)、権力を握った者の虚栄心のなせるわざか、あるぶどう園を自分のものにしたくて、その所有者が十年前に購入した買値の四倍もの金をだして買い取るという道楽もやったものであった。[17] ところがブルルスが急病死した。軍の後ろ盾を失ってみれば、もともと属州出身の一匹オオカミである。命運つきたとセネカは悟って、政界から身をひき、それこそ好きなワインを友に、人生哲学の執筆にあけくれる隠棲生活をはじめたのであった。ところがセネカを欠いたネロのほうは、周知のように暴走と妄想に歯止めがかからなくなり、ついに皇帝暗殺の共同謀議のうわさが公然と流れるようになった。これが耳に入ってネロは仰天し、セネカが加担していると思いこみ、彼に自死を強要したものである。セネカの最期はしかし「われは死すとも、わび茶は死なず」の利休のようにかっこうよくはいかなかった。死に切れず、のたうちまわる老体は醜悪であったという。

6　地中海世界を越えてゆくぶどう栽培

自然を克服したガリア人の努力

ぶどう栽培がついに北限のヴィエンヌ峡谷を越えたのはこの頃であった。湿気の多い冷涼地に耐えうる改良品種がガリア人アロブロゲス族によってついに生みだされたのである。地中海沿岸品種をこの地域の野生ぶどうに接ぎ木したのか、ロダヌス河流域地帯の新しい土地で栽培していた移植品種が突然変異したもののなかから、適合種を育成したものか、この改良品種はアロブロゲス族に由来するものとして、アロブロギカ種⑱と名づけられたが、これが現ローヌ地方のグルナッシュ、シラー種や現ブルゴーニュのピノ種の遠い祖先になると推測されている。ほぼ同じ頃、ボルドー地方にも似たようなことが起こっていた。ナルボネンシスから運ばれてくるワインの流通路であるガロンヌ河がドルドーニュ河と合流してジロンド河となるボルドー地方に居住していたビトゥリゲス・ウィビスキ族もまた、自前のワインの生産への意欲をかきたてられたであろう。やがて海路を通じて交易のあったヒスパニアの属州ルジタニアから、大西洋側の気象に適合する品種を移入し、自らぶどう栽培を始めたものであった。移入したのはおそらくコッコロピスと呼ばれていた品種であろうと推測されているが、これをもとに湿気や風により耐えうる改良種をつくりだした。これもまたガリア人に由来するものとしてビトゥリカ種と呼ばれたが、現ボルドー地方の代表的な品種カベルネ・ソーヴィニヨンの元祖と考えられている。このビトゥリカ種の出現したのは、ユリア・アグリッピーナに毒殺されたクラウディウス帝(在位四一―五四)の時代であった。[19]

プリニウスがこれら改良種から醸造された「新世界のワイン」について書きとめている。アロブロギカ種については「ピッチの匂いをもっている。それらはその故国でのみ有名なので、その他のところでは言うに足りない、とはいっても実がよくなるので、質で欠けるところを補っている」(ここは中野定雄他訳)と評価は高くない。もう一方のビトゥリカ種も、「あまり質のよくないものである」と記しているが、「しかし古くなるとそう捨てたものでもない」と認めている点が面白い。というのは、タンニンの多い現在のカベルネ・ソーヴィニヨン種の元祖らしいのが想像されるからである。タンニンの多い品種は寝かせておくと、しだいに味わいがでてくるのである。いずれにしても、現フランスのブルゴーニュやボルドーのワインの祖は、プリニウスの頃には、イタリア半島やギリシアなどのワインとはまだとても太刀打ちできるものではなかった。当然といえば当然であるが、なおプリニウスの記述からは、アロブロゲス族の生みだした冷涼地に耐え

街頭でのワインの販売
サン・ジェルマン・アン・レー（イル・ド・フランス）、市立博物館

うるアロブロギカ種は、いち早くイタリア本国に逆移植されているのがうかがえる。イタリア半島も、北部のアルプス山脈の山麓地帯になると周知のように気象がきびしい。そういう半島北部のラエティア（現南チロル）にアロブロギカ種が栽培されたという記述からは、北方によく耐え「実がよくなる」アロブロギカ種に大きな期待がよせられ、求められたことが想像される。そうしてもちろんこの地で、ここの土壌や自然条件に、より適合するものへと長い年月をかけて育成されていったにちがいないが、中世ヨーロッパの時代、南チロルの品種がアルプスの峠を越えてオーストリア、ドイツへと伝わっていることを思い合わせると、ヨー

ロッパのワイン文化へのガリア人アロブロゲス族の歴史的貢献の大きさを、あらためて感じさせられる。ワイン文化の西欧への拡大は、何といってもローマ帝国の膨張がもたらしたものであるが、同時にガリア人の貢献を看過してはならないだろう。

商業ワインの発展

属州ガリアの新しいぶどう品種の栽培地域は、北方へ輸出する商業ワインとして地の利も得ていた。「ガリアにおける葡萄栽培の革新は、一〇〇年前には思いもよらなかった商業用のぶどう栽培の北への拡大をもたらしただけではなかった。ガリアの変容はギリシアやイタリアのワイン産地としての威信を失墜させることにもなった」(福田育弘他訳)とディオンが書いているように、改良ぶどう品種によって可能になった栽培地域の地理的条件が、やがてイタリア本国のワイン産業に打撃を与えることになる。本国だけではなかった。属州ナルボネンシスの特需景気も終わりを迎えねばならないことになった。といってもアロブロギカ種が北上を開始して、現ブルゴーニュのワインの心臓部といわれるコート・ドールにまで達するには、なお一世紀以上もの時間がかかっている。またしても既得権益を守ろうとする者のエゴイズムが障壁になったからである。二世紀初頭には、小規模ながらブルゴーニュでもぶどう栽培の試みがなされていたらしいのが考古学的に推定されているが、これがそのまま拡大することはなかった。南のワインを北へ運ぶ利権を独占する属州都ルグドゥヌム（現リヨン）の商人組合が、自分たちの利権を損なうようなリヨン以北の、つまりブルゴーニュ地方のぶどう畑の開発を阻止しようとやっきになり、政治的に動いていたのである。

皇帝ドミティアヌスのぶどう栽培禁止令

ここで話はまた少し前にもどるが、パックス・ロマーナの恩恵に浴した属州のぶどう栽培面積は急速に拡大していった。とくにガリアのようなぶどう栽培の北限を知らないヒスパニアのワイン産出量は飛躍的に増大し、半島本国へ輸出するまでになった[20]。この成り行きに本国の農園経営者は脅威を覚えずにはいられなかった。大量に流入してくる属州産のワインに対し、皇帝ドミティアヌス（在位八一―九六）は本国の銘醸畑の名声を守ろうという殊勝な気でも起こしたのか、本国の農園経営者、ワイン業者の既得利権を代弁するよう迫られたのか、属州全体のぶどう畑を半減しろ、という乱暴な勅令を出し、あちこちのでぶどうの木をひきぬき、穀物畑にかえる強制執行まではじめたものであった。しかし長くはつづかなかった。というのは、当の皇帝が謀殺されてしまったからである。キリスト教徒迫害でも有名なドミティアヌスは権力におぼれ、元老院と衝突すると、反対者を次々に粛正するという恐怖政治をはじめ、これが文字通り命取りとなった。だから皇帝禁止令も結局はほとんど効果をあげることがなかった。ライン河防衛線に駐屯し、北国の厳しい自然のなかで土木作業などの重労働に従事する以外は退屈な日々を過ごさねばならないゲルマニア軍団の兵士たちにワインの供給を欠いてはならない。ガリアでは供給源と消費地との距離を縮める便宜裁量が認められ、ぶどう栽培の北限は北へ北へと押しあげられていった。二世紀末にはブルゴーニュ地方のソーヌ河の西側の丘陵斜面の森林が伐採され、開拓が進められた。接ぎ木のみならず挿し木、取り木の知識がすでにゆきわたっていた。専門用語では圧条法という技術で、ぶどうの木の枝を押しまげて地中に埋め込み、その部分が根を出し発芽するのを待って親木から切りはなすという植栽法である。限られた土地の収穫量をあげようとこれが駆使され、その結果ぶどうが密生しすぎ、地中の根がからみあって枯れてしまうという事態までひきおこしたという。

首都トレヴェロルム（現トリーア）

対ゲルマン防衛線が重要になるにつれ、ユリウス・カエサルのガリア征伐後にガリア全体の中心都市として建設されたルグドゥヌム（現リヨン）より、さらに北のトレヴェロルム（現トリーア）の方が政治的にも重みをましていった。トレヴェロルムという名称は、このモーゼル河上流地域に定住していたトレヴェリ族に由来する。ところで二六〇年、ローマ皇帝が東方戦線でペルシア軍の捕虜になるという不祥事に、半島本国の支配層が混乱に陥った。ライン河防衛線担当の総司

トリーアのポルタ・ニグラ（黒門）

令官はこれに乗じ、ローマ帝国からの分離独立を宣言し、トレヴェロルムを帝国首都に定めたものであった。だがこのガリア帝国はわずか十三年しかつづかなかった。ライン河の防衛戦をあちこちで突破してくるゲルマン人諸部族の圧力に単独では抗しきれなかったのだろう。皇帝アウレリアヌスの時代に再統合されているが、トレヴェロルムはしかし繁栄しつづけた。ぶどう栽培も三世紀初めにはここまで到達していたが、四世紀にボルドーのサンテミリヨンからトリーアへ旅してきたアウソニウス（三一〇頃—三九五頃）[21]がモーゼル河畔のぶどう畑風景を眺めて、故郷を思い起したという詩を書き残しているから、ドイツワイン発祥の地といわれるモーゼル河畔の上流地域には、かなりの範囲にぶどう畑がひろがっていたと思われる。

豊かなトレヴェロルムは、ライン河を渡河してきたゲルマン人諸部族の侵略の目標にもなった。都市防衛のため、ローマ軍はモーゼル河畔のあちこちに急遽要塞を築かねばならなくなった。その跡がいまでもモーゼル地方を旅すると目にはいる。トリーア市内に残るコロセウムや大浴場の跡とかポルタ・ニグラと称する市門にも、かつて繁栄したローマの都市の面影がしのばれるが、ローマ軍団用の地下ワイン蔵は現代なお慈善協会が地下倉として使用している。

ヨーロッパ・ワインへの皇帝プロブスの貢献

皇帝プロブス(在位二七六―八二)は、ワイン三昧のあげくにぶどう畑の中で殺されてしまったというエピソードの持ち主で、一般には、「ワイン皇帝」という異名をとった以外には何の功績もないとされてきたのは気の毒な話である。ヨーロッパのワイン文化史上きわめて重要な貢献をなしたこのローマ皇帝は、過小評価されてはならないと思う。彼がドミティアヌスのぶどう栽培禁止令を公式に撤廃し、属州のあらゆる地域に可能なかぎりのぶどう園開拓を奨励したため、それまでぶどう栽培とは無縁に思われていたセーヌ河、ロワール河流域にまで開拓が進められ、彼の治世時代にぶどう栽培が試みられた北限は、ほぼ現代に近いところまで達している。皇帝はとくにライン河畔を重視していたが、彼のぶどう畑開拓指令はしかし、「ワイン皇帝」の趣味や気まぐれから出たものではない。おそらくワイン好きではあっただろうけれど、ぶどう畑の大々的

プロブス帝（左）とドミティアヌス帝
ローマ、カピトリーノ博物館

な開拓は、深謀遠慮の政策だったのである。帝位につく以前、軍の司令官として対ゲルマン防衛に東奔西走していた彼は、ライン河を越えて南下しようとするゲルマン人諸族に対し、撃退作戦をくり返してもらちがあかないということを、思い知らされていたにちがいない。だから皇帝の統治権限を手にすると、従来の政策を変更し、むしろ防衛線内に入ってくるゲルマン人たちに土地を与え、定住化にみちびく戦略にでたのである。彼らにぶどう栽培の技術を教えることによってローマに対するゲルマン人の敬意と信頼をかちとろうという同化政策を考えたのであった。しかしあらたな土地を開拓し、ぶどうを植栽してすぐ結果がでるわけではない。ぶどうの木を育て、ワインを得ることは、うまくいっても一世代はかかる事業である。はたして彼の政策が効を奏したかどうか、あるいは時代が、このような対ゲルマン対策をもはや手遅れなものにしていたかどうかはわからない。皇帝プロブスが早々に殺されてしまったからである。ゲルマン人に与える田地開拓を急ぐあまり、労働力としてローマ軍団の兵士まで動員したのが裏目に出たのである。ユリウス・カエサルの時代に、森林を伐採し、道路建設に汗を流した共和国兵士たちと、ローマ帝国末期の兵士たちとはあまりにもちがっていた。鍬をもたされた兵士たちは不満をつのらせるばかりであった。開拓現場を視察に出かけた皇帝は、この不満分子たちに惨殺され、事業は頓挫してしまったのである。

7　地中海世界文明の終焉

三世紀末にはローマ帝国はもはや多臓器不全のような症状を呈しはじめていた。それを最後にもう一度たてなおそうとしたのがコンスタンティヌス大帝（在位三〇六―三三七）である。ゲルマン出身でも、むしろ優秀な軍人を雇い入れて厚遇することで軍事力を強化し、税制改革も推し進めたが、[22]最大事業は、キリスト教徒の精神的統率力、団結力を味方にするためにキリスト教を国教と定め、みずからも改宗したことであった。おかげで権力の側についたキリスト教は新興勢力として大きく発展することになるが、滅亡へと加速化していたローマ帝国そのものには、皇帝のこうした改革も、三三〇年のビザンチウムへの遷都も、焼け石に水であった。

ゲルマン人諸部族が大移動を開始しはじめた頃、帝国は東西に分裂(三六四年)し、しかも東西両帝国ともに対ゲルマン防衛軍の最高司令官がゲルマン出身者であるという珍無類なことになっていた。その一人、ヴァンダル族出身の西ローマの防衛軍団総司令官スティリコは、対ゲルマン防衛線を縮小し、ローマ軍を大幅に撤退させ、大本営をトリーアから南フランスの現アルルに移した。こうしてガリアの属州がユリウス・カエサル以前に逆戻りしたのを、元老院議員やローマ貴族たちは、スティリコが帝国乗っ取りを謀ったと邪推して、彼を宮廷に召喚し、だまし討ち的に断罪するという愚を犯したため、スティリコの有力な配下がみな、東ローマの防衛を委託されていた西ゴート族のアラリックのもとに走った。

こうなるともう対フン族防衛などそっちのけで、アラリック率いるゴート族は、半島を西へと行進しはじめた。当時西ゴート族が通過した地域には、ワイン倉をすべて空にされてしまったなどという言い伝えがいまに残っているように、傍若無人に半島各地を蹂躙した後にガリアに入り、四一九年ゴート王国を宣言したものであった。他のゲルマン諸部族も続々移動を開始した。ヴァンダル族とスエビ族が相争いながらガリアを南下してイベリア半島へと移動していった後に、フランク諸族が現ベルギーから北フランスへと勢力を拡大し、ブルグンド族はブルゴーニュ地方に定住、ランゴバルド族は北イタリアに入った。南下してくるゲルマン諸族の侵攻におびえ、各地の農民たちは土地を棄て、城壁に囲まれた都市に流れこんだ。

将来を絶望した者たちによって過密化する都市はキリスト教の温床であった。教会は経済的救助、医療、教育を手段とした布教活動により影響力をましてゆくと同時に、聖職者の間では上位の者に絶対服従するという階級制度が固められていった。四五二年には、ゲルマン人を追ってガリアへ侵入してきたフン族が、シャンパーニュで西ゴート族の反撃を食ってガリアから退き、イタリア半島にいすわった。これを排除する力がローマ軍にあるはずもなく、アッティラに大金を払って立ち退かせたのはローマ教皇であった。これは、キリスト教によるヨーロッパの新しい世界の始まりを予告するような事件であるが、四七六年、東ゴート族出身の傭兵隊長によって、奇妙にもローマ人の最初の王と同名の皇帝ロムルス・アウグストゥスが退位させられ、西ローマ帝国が滅亡した日、ローマの住民たちのなかに、これに気づいた者はほとんどいなかっただろう。ある者は信仰にすがり、ある者は犯罪におびえ、ある者は憂さ晴らしのワインに酔うという昨日とかわらぬ今日を過ごしていたことだろう。

註

（1）古賀守著『ワインの世界史』七七頁。

（2）ラインガウのリューデスハイムやフランケン地方のヴュルツブルクの丘陵など、ゲルマン人以前にケルト人が居住していた地域の墓地跡からワインの杯などが出土されている。

（3）シャンペンで世界に知られるシャンパーニュ地方は、シャンペンの泡が吹くまでは、フン族と西ゴート族が激戦を展開した古代よりむしろ戦場として歴史に登場することで知られていたが、一六六八年に二十九歳の若さでオーヴィレール修道院の出納係に選ばれたドン・ペリニョン修道士が、ブルゴーニュワインの向こうをはって、ぶどう栽培、ワイン造りに心血を注いだのがシャンペンの歴史の最初である。シャンパーニュのように冬の厳しい地方は、冬期には酵母菌が冬眠してしまうので、春先までぶどう原汁を放置しておかなくてはならない。その間にぶどう汁が空気に触れたり雑菌がつくのを嫌った完璧主義者のペリニョンは、発酵桶の原汁を早々に瓶詰めにし、コルク栓をして春を待つことにした。彼の時代にはガラス瓶やコルクの使用が可能になっていたが、発酵のメカニズムはまだ知られていなかった。コルク栓で密閉されたため、春先に発酵を再開した酵母菌の排出する炭酸ガスによってコルクが吹き飛ばされ、瓶が泡を吹いたのは、ペリニョン修道士にとってとんだ計算違いであった。パリ宮廷で「コルク飛ばし」と失笑され、原因を究明できないまま、彼は失意のうちに生涯を閉じたのだが、この発泡ワインをイギリス人が好んで輸入したため、新しいタイプのワインとして世界的に普及し、いまでは元祖ドン・ペリニョンをブランド名に利用する権利を得た醸造所が、高値でシャンペンを売る利権を得ている。皮肉な話である。

（4）ワインの短所は、アルコール飲料のなかで酸化が早いことである。酸素はワインの敵である。ワインにふくまれるアセトバクター・アセティという酢をつくるバクテリアが酸素を得ると、猛烈な勢いで繁殖するのである。タンニンや度数の高いアルコールはワインの酸化、劣化を少々は遅らせる力があるが、古代には輸送するアンフォーラの封印技術が重要だっただろう。

（5）エトルリア人がサビナの丘陵地帯に栽培していたウィスラ種は「味はなかなか愛すべきもの」（プリニウス、加藤訳）として、後代ローマではサビナ・ワインとして重宝がられることになるが、プリニウスは他にもエトルリアの各地方の品種をいくつもあげている。

（6）カルタゴの植民地シチリアには、さらに早くからフェニキア人がぶどう栽培技術をもたらしていた。シチリアから半島に移入された品種ムルゲンティア種をポンペイではポンペイアナと名づけていたが、カンパニア地方の肥沃な土地にあっているとプリニウスは注釈している。またポンペイ人には、エトルリア最古の町クルシウム（現ウンブリア州のキウシ）からもちこまれたと思われるものもある。タンニンと柑橘類の果実味のうまく調和している現シチリアの代表的な品種ネロ・ダヴォラ種は、いかにも南国の赤ワインという豊かさを感じさせるが、これが古代からのものかどうかはわからないし、現代のシチリアワインが飲めるものになったのは、二十世紀後半以後の醸造技術の向上のおかげである。それまではヴィーノ・ダ・タヴォーラ（テーブルワイン）としても物たりないものであった。同じようなことが半島南端の現プーリア州のギリシア伝来の品種だというネグロ・アマーロ種や現バジリカータ州のアリアーニコ種についてもいえる。フェニキア人が前十世紀にワイン造りを教えたというサルディーニャ島にも、古代品種だというヌラグス種があり、芳香ある甘酸っぱさのなかに仄かな苦みを覚えるのが好ましいが、カノンナウ種という腰の強い品種もサルディーニャ独自の古いものである。現マルケやウンブリア州のヴェルデッキオ種の祖先も古代ローマの銘酒をつくった品種だと宣伝しているが、ここも前世紀末頃からようやく上質の白ワインを輸出できるようになった。イタリアワインの歴史は古いが新しいという妙な言い方をされるのも、こうしたせいである。

（7）イタリア語でワインはヴィーノ（vino）、ラテン語はヴィヌム（vinum）だが、初期ローマ人の古ラテン語テムレントゥム（temulentum 酔っ払わせるもの）はエトルリア語に由来する語か。

（8）ローマは西方だけではなく、前一四六年にギリシアを制圧して属州にするなど、東へも大いに拡大するが、ワインに関しては東はすでに古い文化があるわけだから、本書では西方の属州だけをとりあげる。

（9）フォカイア人は、現トルコのイズミール近くにあったイオニア系の植民地の住人であったが、ペルシアの襲来を西へと逃れ、マッシリアに移り住んだ。ぶどうの剪定やワイン醸造技術も彼らによってもたらされた。プロヴァンスはフランスワイン発祥の地といえるだろう。ローマ軍が現われる以前のガリアのケルト人の居住跡から出土した古い地中海世界のアンフォーラの破片が証明しているように、ケルト人はマッシリアのギリシア商人やヒスパニアのフェニキア商人が運んできたワインを買っていた。マルセーユ近海に沈没していた西暦前の船の残留物にまじっていたアンフォーラの栓から、中身のワインがカンパニア産であったことが判明している。現マルセーユの名はこの植民都市名に由来する。

（10）ケルトというのはギリシア人の呼称。ゲルマン人に押されてガリア地方へ移動してきたケルト人を、ローマ人はガリア人と呼んだ。

（11）マッシリアはヒスパニア総督であったポンペイウスとユリウス・カエサルの権力闘争が起きた折りに、ポンペイウス有利とみて加担したため、カエサルに攻め滅ぼされ、ナルボネンシスに組みこまれ消滅した。もうかるとなると、古今東西さっそく悪徳商人が暗躍するようになるものである。属州ナルボネンシスにはまもなく「商人たちが本格的な工場を建て、ブドウ酒を煙で色づけしているか、遺憾なことだが、有害な草や薬剤までも使っているし、商人は現にブドウ酒の風味と色合をごまかすためアロエを用いている」

（中野訳）とプリニウスは呆れている。

（12）「飲料には、大麦または小麦からつくられ、いくらか葡萄酒に似て品位の下がる液がある。［レーヌスおよびダーヌウィスの］河岸にちかいものたちは、葡萄酒さえあがなっている」とタキトゥスが書いているように、彼の時代には、ドナウ河流域に居住していたゲルマン人部族は、ワインなど南方の商品と、琥珀などローマ人にはめずらしい物品とを交換していた。とくにワインを売り歩くイタリア商人をカウポ（caupo）と呼んでいたのがドイツ語のカウフェン（kaufen 買う）の語源だという。

（13）中部イタリアのアドリア海にのぞむピケヌム地方にギリシアのテッサリアから移入されたアミナエ種のワインは、ギリシアワインに勝るとも劣らない上質なものと評価されるようになった。プリニウスは「イタリア最高」のワインとほめている。

（14）ガリア全土は五つの属州に分けられた。最初の属州ナルボネンシスは元老院の管轄、後の四属州は皇帝直轄であったが、ローマ軍団が常駐していたのはライン河畔地方の属州ゲルマニアのみで、属州ベルジア、アクィタニア、ルグドネンシスの直接の統治はガリアの旧族長などに任せていた。ルグドネンシスの州都ルグドゥヌム（現リヨン）は属州全体を統括する都市であった。イベリア半島は三属州に分かれ、東部から北部にかけてのタラコネンシス、南部のベティィカ、西部のルジタニアの三属州ともに軍団が常駐していた。

（15）全三七巻にもおよぶ膨大な書物を単独で執筆編纂するという精力家であった。ぶどう、ワインに関しても貴重な文書資料を多く残しているが、ヴェスヴィオス火山の大噴火の情況を地質学的な関心から視察にでかけ、有毒ガスを含む噴煙にまきこまれて落命した。

（16）ヴェネト州のヴァルポリチェッラ地区で生産されているコルヴィーナ種を主体にロンディネッラ種などを加えたデッラ・ヴァルポリチェッラというラベルの赤ワインは、収穫したぶどうの房を棚板の上に並べ、風通しのよい小屋で三ヶ月も乾燥させ、半干ぶどうにしてから醸造するという古代の伝統をまもって生産され、赤ワインというより黒ワインといってよいほど濃い色の、ベリーのジュースを濃縮したような、あるいはシナモンを添加したような独特の風味をもったエッセンスの厚みある個性的なワインである。醸造技術をあげた二十世紀後半から、他地方のイタリアワインの多くと同様に、長い安逸の眠りから覚めたように、ようやく高級ワインの評価を得るようになった。

(17) ぶどう園をつくるだけで大儲けした例に、プリニウスは「解放奴隷の息子の平民アキリウス・ステネルス」をあげている。「六〇ユゲルム(約一五万三八〇平方メートル)そこそこのブドウ園を入念に耕し、彼はそれを四〇万ヌンムスで売った」(加藤直克訳)という。なお加藤氏の解説によれば、一九万ヌンムスの地価が四〇万ヌンムスという競買値段になったのだという。これはしかし例外ではなかった。ローマ郊外の貧弱な荒地を安く買い取っては、ぶどう畑にかえて高値で競買にかけるという例は少なくなかったという。セネカは逆に、そういうぶどう園を、金にものを言わせて法外な高値で買い取っている。

(18) ヴェルギリウスの死(前一九年)から九〇年のうちに低温、湿気や霜にも強い品種がつくりだされ、半島北部にも移植され成功しているとプリニウスは記述している。ちなみに最初はローマ人がケルト人にぶどう栽培技術、ワイン醸造技術を指導したのであるが、ワインの貯蔵を陶製のアンフォーラではなく木樽にかえさせたのはガリア人であるという。ケルト人(ガリア人)は木造技術に長じていたので、ローマの石作りの内部の木の天井などもケルトの大工が教えたものだという。

(19) ボルドー地方の方言ではカベルネ・ソーヴィニヨンをビデューレと呼んでいるが、雨が多く、風の強い地方でも育つとされたビトゥリカ種に発音の近いのは注目される。

(20) プリニウスがすでに、現バルセロナ近郊のラエタヌム産とか、暑気や風に強く、若いうちは苦いが熟成させるとよいというエーゲ海からシチリアにもたらされたエウゲニア種と同種のコッコロビス種などの名をあげ、ヒスパニア属州のワインがイタリアの第一級ワインに匹敵すると評価している。ヒスパニアにはワイン醸造に関しては何しろフェニキア時代からの伝統があった。南部地中海沿岸だけではなく、中部を流れるエブロ河流域にもローマ人が移住してぶどう栽培に従事していた。ガリアよりワインの歴史の古いヒスパニアにも言及しなくてはならないだろうが、やがてヒスパニアを占領したイスラム教徒がヨーロッパのワイン文化の歴史に否定的な役割をはたすことになるので、イベリア半島については省略することにした。

(21) フランス語ではオーゾンヌ(三一〇頃—三九五頃)と呼ばれているが、アクィタニア地方のボルドーの医師の息子だったが、法学の教養を身につけた親族が帝国の重要官職についたおかげで、彼もサンテミリヨンに荘園を得て、奴隷たちをうまく働かせるローマ伝統のぶどう農園経営にならって成功し、孫の代には貴族階級の仲間入りをはたした。四世紀にはこのような新興富裕貴族が属州各地に出現し、やがて一種の支配層をなすようにまでになるのである。アウソニウスは詩人でもあり、ホメロスの叙事詩をラテン語に翻訳しているが、自作の詩は二流で文学的価値はない。現サンテミリヨンには彼の名を冠したシャトー・オーゾンヌがあり、高値のワインを売り物にしている

(22) 三一一年、コンスタンティヌス大帝がアエドゥイ族のキヴィタス(現ボーヌ)を視察に来た機会をとらえ、住民たちはワイン販売税の軽減を約束させることに成功したという記録は、当時すでにブルゴーニュの一部地域ではワインを産出して他地方へ売りだしていたことを証明している。

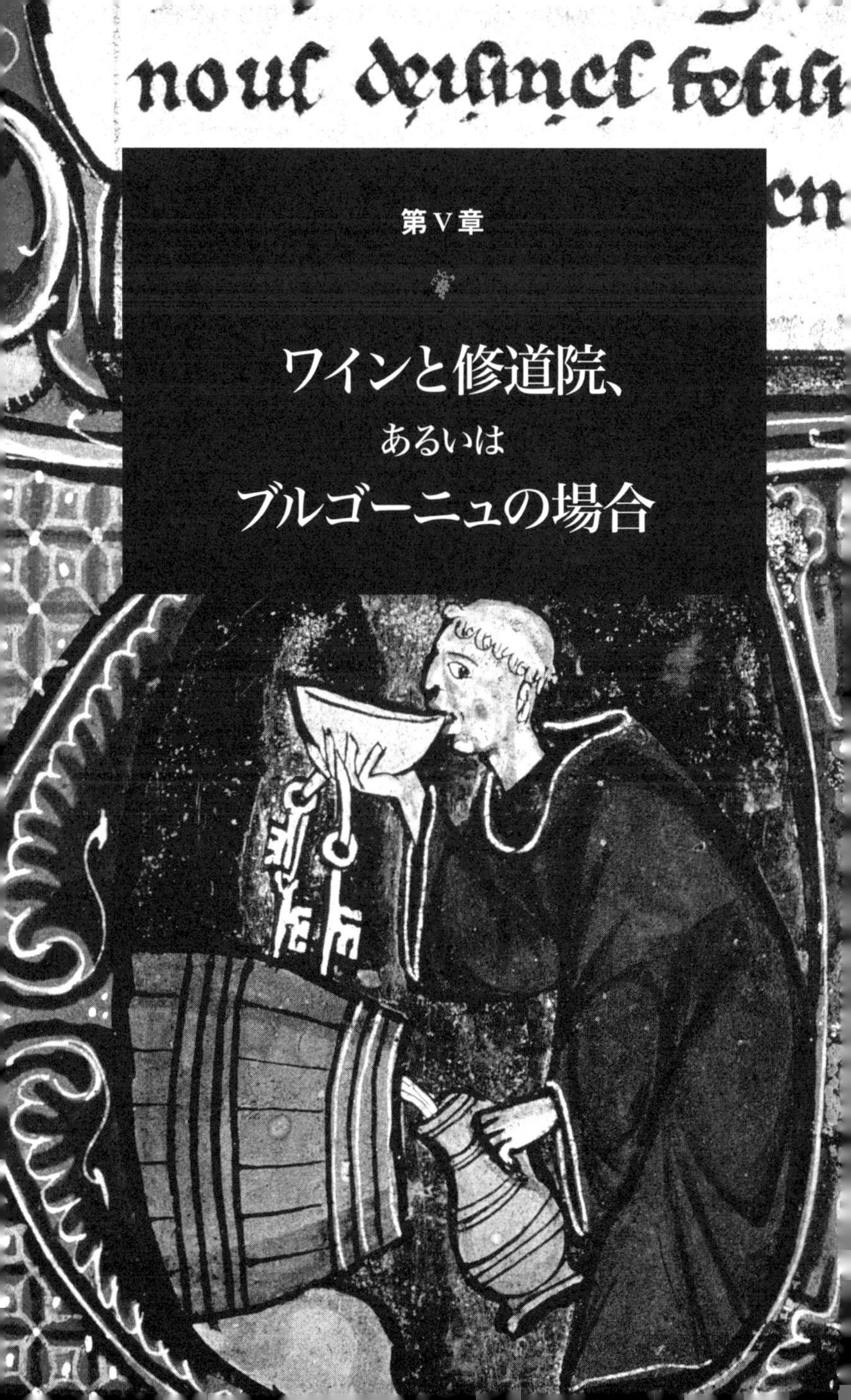

第V章

ワインと修道院、あるいはブルゴーニュの場合

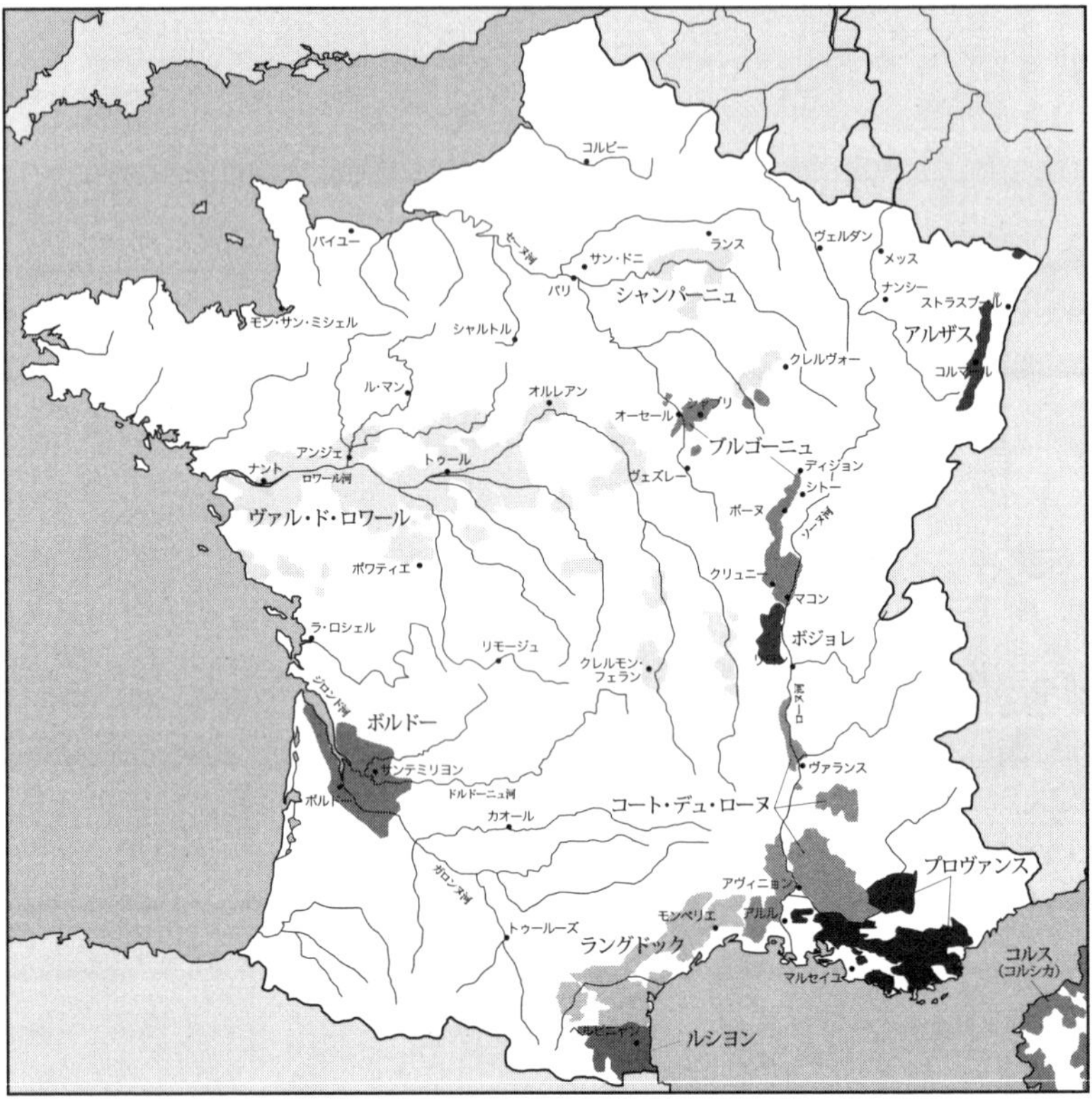

フランスの主なワイン産地

【扉図版】
ワインを飲むベネディクト会修道士
13世紀の写本、大英図書館

1　修道院と王権

西ローマ帝国滅亡後、ガリアの属州の行政組織を維持したのは主に司教たちであった。ぶどう栽培の復活の主導権をにぎったのも彼らである。ただし司教といっても、なかには布教活動に身を投じて異教の地で殉教し、伝説的な聖人となった人物もいるが[1]、たいていはガロ・ローマ時代すでに軍職や総督の職にあった属州のキヴィタスの貴族が、新しい世界の有望な社会的地位とみた司教の座の獲得に手をつくしたのである。フランク王国のメロヴィング王家[2]も戦功のあった者たちを司教にしたてて各地に配置した。だから聖職者といっても、法衣をまとっただけの領主であり、私兵を擁する者さえいたほどである。何はともあれ、この司教たちは戦乱で荒廃していたぶどう園の再建に熱心にとりくんだものであった。ミサ聖祭用にワインが欠かせない、というのは建前で、じっさいは王侯を自らの司教座都市に迎え、供応接待するためにワインは必要なものであった。もてなしが他より少しでも貧弱に思われては、自分の政治的影響力にひびいてくるからである。ぶどう栽培、ワイン醸造が権力、権威の維持のための重要な経済基盤になるというのは、ガロ・ローマ時代からよく知られていることでもあった。

ところが司教座都市の司教たちに強力な競争相手が出現した。修道院である。中世の修道院もまたその多くの実態は、祈りと瞑想のなかに神体験を乞い求める世捨人の共同体（使二・四四／四・三二参照）というイメージからほど遠いものであった。またそうなる理由が最初からあったかもしれない。五二九年、ローマ南方のカッシーノの丘陵に修道院を開設したベネディクトゥス（四八〇―五三四）は、修道士たちに労働と祈りにあけくれるだけではなく、貧者を物心両面にわたって支援する社会活動も義務づけ、また世俗権力の干渉や支配を免れるため、経済的自立を求めた。立派な戒律ではあるが、それにはそれだけの財源が必要であり、修道院は当初から矛盾する難問をかかえこんでいたのである。

ベネディクト会が創設された頃、フランク・サリ族のクローヴィス（在位四八一―五一一）がパリを首都に建国していた。クローヴィスは、当時すでにキリスト教徒であったブルグンド王の姪のクロティルド[3]を王妃に迎え、自らも改宗することによって、自らの権勢を権威づけようとしたから、彼の開いたメロヴィング王朝の時代、パリ周辺のセーヌ河畔地域には修道院が雨後の竹の子のように出現したものであった。なかでも五五〇年に設立されたサン・ジェルマン・デ・プレ修道院は、王家の菩提寺ならぬ菩提修道院として特別な保護下におかれ、各地に多くの領地も得て大修道院となった。もっとも現代では、この大修道院よりサン・ドニ修道院の名の方が知られているだろう。十二世紀前半の付属聖堂の改築工事がゴシック建築様式の発端となり、ヨーロッパ建築史上に名を刻んでいるこの修道院も創建は、メロヴィング時代の五九〇年である。こちらはクローヴィスの孫の時代に広大な土地の寄進を受けたのみならず、ワインなどの流通税免除特権も得て、次のカロリング時代にはサン・ジェルマン・デ・プレ修道院にとってかわり、王家の菩提修道院になっている。

このように修道院は、創建当初より、世俗の権力者とむしろ密接な関係をもつものが少なくなかった。中世初期の王侯にとっても修道院は重要な意味を持つものであった。魂の救済を保証する聖所というだけではなく、領土巡察の際に駐屯する城館にもなったのである。中世初期は、王侯が宮廷内で安閑としていられる時代ではなかった。獲得した領土の見はりを怠ってはならない。王ときには従者のみならず軍隊も引き連れ巡察しなくてはならなかった。修道院の方でもまた、王侯の一行を迎え、滞在させるということは、司教座都市の司教の場合と同様に、自らの存在価値を主張する重要な行事になっていた。

しかし修道院は王侯貴族を迎えるのではなく、むしろ巡礼や旅行者を宿泊させたり、あてどない浮浪者を収容する慈善施設となる、ということの方こそ戒律のさだめる本来の使命であり、またすべての修道院がこれを忘れたり、ないがしろにしたりしたわけではない。ローマ帝国滅亡後の無政府状態のような不安な時代に、各地に開かれた大小の修道院には心の安らぎを求めるというより、身の安全をはかる者たちが集まってきたものだが、平修道士のほとんどは読み書きのままならない者たちであった。そういう彼らに祈禱書、戒律、聖書などが読めるようラテン語教育をほどこす必要があった。必然的に修道院は中世初期の重要な教育機関にもなったわけである。都市が形成され、発展するまでは、修道院が教育活動の中枢でもあり社会施設でもあり、また文化の中心にもなったのである。

2 クリュニー大修道院の逸楽

中世のワインは北ヨーロッパ向けの有望な商業産物であった。したがって財政を支える有効な手段としてぶどう農園の領有を志向する修道院は、いきおい経済的立地条件のよいセーヌ河、ロワール河下流地方に集中した。ところが大西洋に注ぐ河川流域はまもなくヴァイキング（ノルマン人の海賊）の襲撃の標的になった。経済的に豊かで無防備な修道院は河口をさかのぼってきたノルマン人の海賊の格好のえじきになった。修道士たちはなすすべもなく、命からがら河の上流地域へと逃げのび、一部はブルゴーニュ地方に移り住んだという。そういう頃(4)ブルゴーニュ地方の修道院を渡り歩いていたベルノン（八五〇?―九二七）という修道士がアキテーヌ公ギョームに、司教座都市マコン近郊の公が領有していたクリュニー荘園内に、ベネディクト会の新しい修道院を創設をするよう働きかけ、ちゃっかり初代修道院長におさまった。[5] このクリュニー修道院がやがて前述のサン・ドニやサン・ジェルマン・デ・プレをはるかにしのぐ大修道院へと発展をとげるのである。

九八七年フランス王位についた豪族ユーグ・カペー（九三八頃―九九六）は、フランク王国分割の時代から境界線のはっきりしないブルゴーニュに、弟アンリを公爵として封じたが、アンリ公が六年たらずで死去したため、彼が生前すでに、後継者にきめていたという神聖ローマ帝国の封臣のブルゴーニュ伯オットー・ヴィルヘルムとユーグ・カペーの息子ロベール敬虔王（九七二―一〇三一）との間で、独仏のあらたなブルゴーニュ争奪戦が生じたが、ディジョンを奪い取ったフランス側に有利な形でブルゴーニュ地方の国境がひとまずさだめられた。

カペー王家は、王国の前線としてブルゴーニュを重要視し、司教座都市マコンやクリュニー修道院の庇護を名目に、この地方の統治に乗りだし、クリュニー修道院に王家の離宮の機能をかねさせたので、ブルゴーニュ地方の諸侯たちも自ら権威を高めようと、資産、領地などをきそって修道院に寄進し、農民たちもまた保身のため安心な修道院の領有地に集まって集落を形成したため、クリュニー大修道院は広大な領有地の農民の租税などにより巨額の財を築いてゆき、十一世

クリュニー修道院聖堂（いわゆる第三聖堂）
17世紀の銅版画

紀半ばから十二世紀にかけて、二千以上の修道院を配下におくベネディクト会クリュニー派の総本山として栄え、修道院内に法廷も備える巨大な権力をもつにいたったものである。壮麗な大聖堂その他の城館建築や装飾にも金に糸目をつける必要はなく、戒律の「オラーレ・エ・ラボーレ（祈れ、そして働け）」も都合よく解釈されたことだろう。修道士たちは豊かな生活を享受しながら、しばしば賓客も迎えての典礼儀式の支度にあけくれたものであったが、この華麗な典礼儀式が中世の宗教美術や音楽の発展に大いに寄与したのである。修道院の本分からの逸脱、堕落が芸術の花を咲かせたのは、歴史のパラドックスであるが、銅版画などに描かれたクリュニーの光景を見ると、まるで城壁都市を思わせる規模である。修道院長はおそらく一国の城主さながらであっただろう。王侯のみならずローマ教皇もクリュニーに滞留したという。

3　シトー会修道院とブルゴーニュワイン

白衣の修道士のワイン美学

このクリュニー大修道院の逸楽ぶりに、がまんのならない求道の士が、傘下の修道院に現われた。モレーム修道院の院長ロベルトゥスである。一〇九八年の雪どけの頃、彼は二十一人の同志とともにモレームを去り、ベネディクトゥスの戒律の原点である清貧、瞑想、労働の場を求めボーヌの北方のシトーの森に入り、森の名をとってシトー会と自称、修道衣も従来の黒衣を白衣にあらためた。この決意がブルゴーニュを世界に冠たるワインの銘醸地に発展させる基礎を築くことになるとは、ロベルトゥスたちは夢想だにしなかっただろうが、白衣の修道士たちは未開拓の森や荒蕪地の開墾に汗みどろになる重労働から始め、しだいに同志の数を増やして、十二世紀初め頃には、現ブルゴーニュの銘醸畑の代名詞のようになっているフィサン、ヴージョ、コルトン、ボーヌといった町村の並ぶコート・ドールにも土地を所有するまでになった。コート・ドール(Cote-d'Or)とは「黄金の丘」という意味で、後にボーヌからディジョンにいたる丘陵地帯を、ぶどう栽培に関連して名づけた名称であるが、はじめからここの気象や土壌の条件がぶどうに最適な黄金の丘だったわけではない。修道士たちが開墾を始めた場所は、ソーヌ河を東にした断層の岩肌のむきだす石ころだらけの斜面にすぎなかったのである。

シトー会の修道士たちは、ぶどう畑の開発に精魂を傾けた。精根つきはてるまで働いたという。過酷な労働を神が与えた試練と心得たのだろうか、十一世紀のシトー会修道士の平均寿命は二十八歳だったという。開墾した土地の土を指でつまみあげて調べあげ、また同じ土質の土地でも陽あたり、水はけなどの差のある畑から収穫したぶどうを別々に醸造し、それぞれのワインの味香

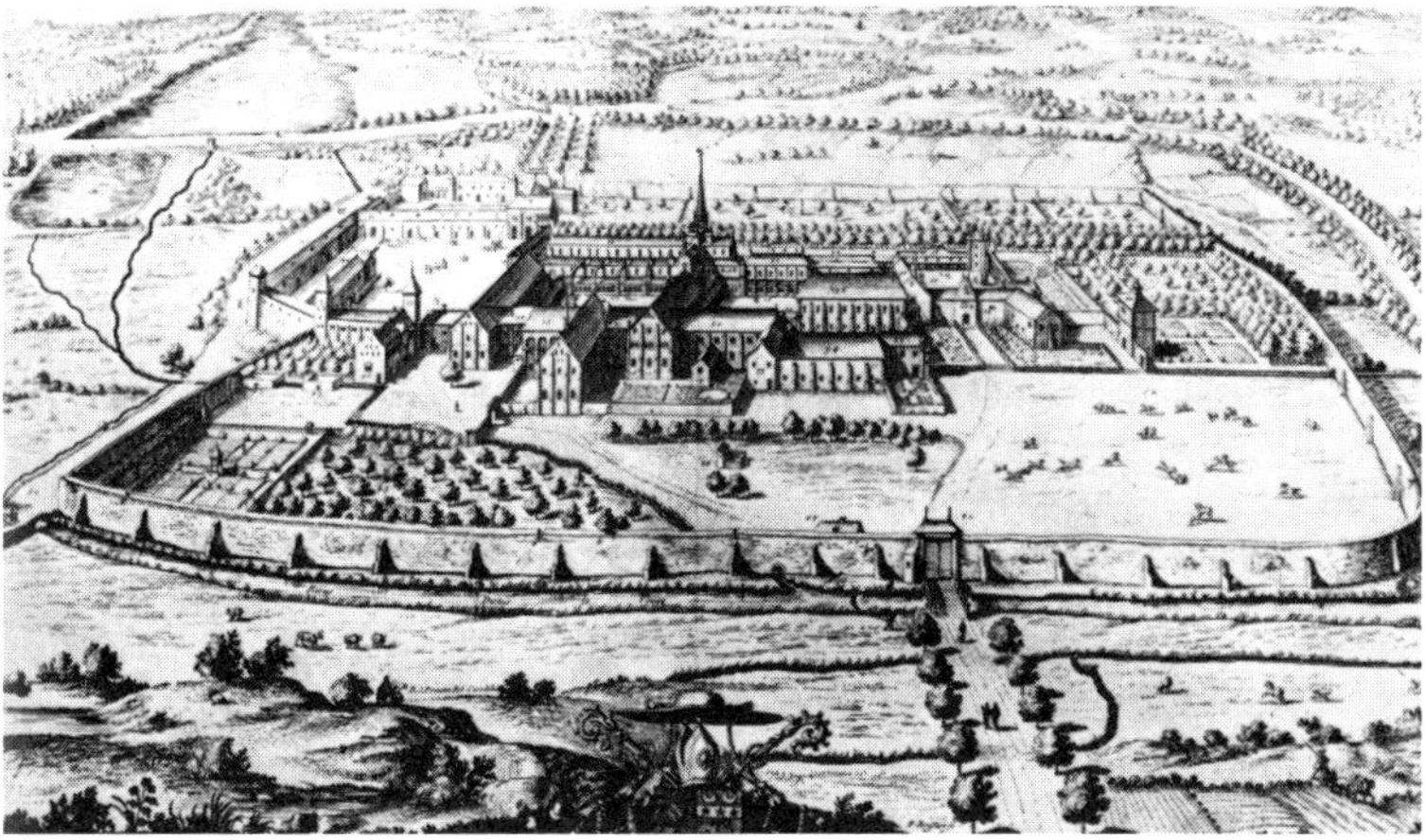

シトー修道院全景
17世紀の銅版画、ディジョン市立図書館

を比較検討した結果、同じ畑地でも条件が一定していると信じた区画に線引きをして区別した。こうして彼らは、同一区画クリュ（Cru）の概念をつくりあげたのである。信じる（croire）の過去分詞を連想させるこの「クリュ」をいまでは銘醸畑の意味で使い、グラン・クリュ（特級畑）、プレミエ・クリュ（一級畑）などというが、修道士たちはひたすら自分の感覚を信じてクリュを特定していったのである。このクリュとクリマ（climat）を総合したものがテロワール（terroir）だという。テロワールとは本来、地方料理とか地方訛りというときの地方の意味だが、これまたぶどうやワインに関し土質、降雨量、日照時間、気温、海抜、斜面の傾斜度、水捌けなどをふくめたものとして口にされ、ソムリエの書く本などには、やたらとこのテロワールという言葉がでてくる。しかしこのように自然条件だけのことであれば、テロワールは探せば世界中に存在するだろ

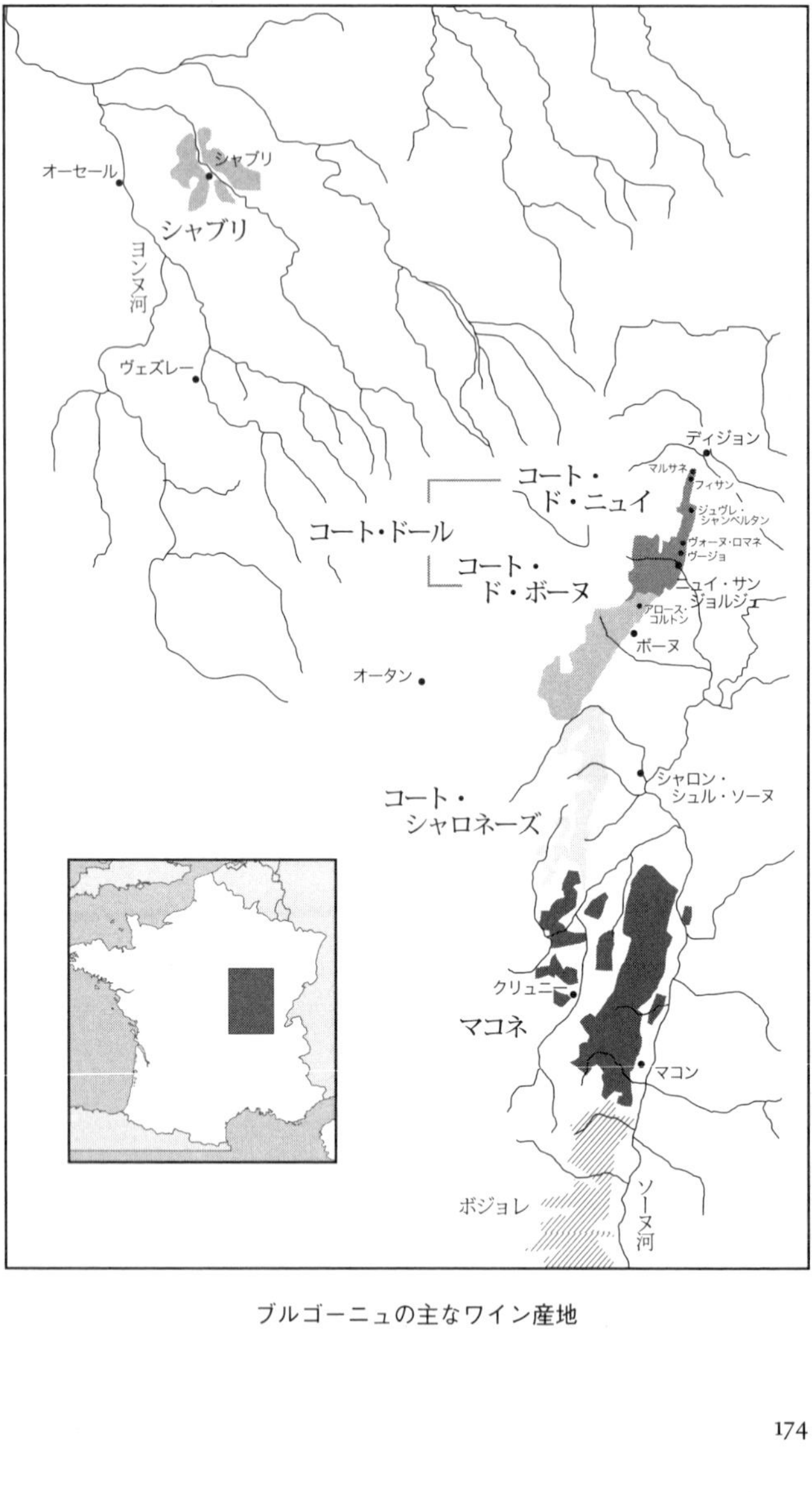

ブルゴーニュの主なワイン産地

クロ・ド・ヴージョの城館

う。ブルゴーニュというワインの「地方」は、厳しい自然の懐に入りこんだ人間が、ここの自然と格闘しながら自分の感覚、感性を頼りに素手の努力を重ねた結果、この地方独特なものを獲得したのである。絶対的な自然条件とか風土ではなく、人間の努力が創造した相対的な「地方」なのである。

現代、ワインに関してブルゴーニュといえば、北の古都ディジョンからリヨンに近い南のマコンまでを意味し、なかでもディジョンの南隣のマルサネ、フィサン村からヴォーヌ・ロマネ村までの一〇キロほどのコート・ドール北部がピノ・ノワール種の赤ワインの心臓部といわれている。このヴォーヌ・ロマネの手前のクロ・ド・ヴージョは、いまもシトー会の修道院の醸造所の名残りや王侯貴族歓待用に建てられた城館を見学することができる。ブルゴーニュ観光パンフレットの表紙も飾っているこの広々としたぶどう畑に囲まれた城館に、新酒の季節にはブルゴーニュ利き酒騎士団の連中が集合して、にぎやかなひとときを楽しむ習慣になっているが、ここも、シトー会が地元の豪族ヴェルジー家から土地を与えられた一一一〇年頃には、何の役にたちそうもない岩だらけの荒地でしかなかった。それを修道士たちが半世紀あまりかけて銘醸畑にかえたのである。

ぶどう品種の歴史や伝播経路について正確なことはわからないが、当時セーヌ河流域でモリニヨン、ブルゴーニュではノワリヤンと呼ばれていた品種があった。ガロ・ローマ時代にローヌ河流域の丘陵地帯でつくりだされた改良種のアロブロギカ種に由来すると推定され、現代のピノ種の先祖ともいわれている。しかしシトー会の修道士たちが開墾した農地に植栽した品種は、ノワリヤンだけではなかったにちがいない。彼らは在来種を栽培して、それでよしとしたはずがない。おそらく同じ畑に何種類も植え、稔りぐあいやワインの味香のちがい、品質のよしあしなどを丹念にメモし、農事試験場の技師がやるような品種改良の実験もくり返し、最上と信じる品種をつくりあげていったのだろう。かつてのローヌ渓谷に居住していたガリア人のアロブロゲス族も、苦労を重ね、新しい自然環境や土壌条件に適応した品種をつくりだしたのであったが、ぶどう栽培が北上したことは、いうならば自然条件に反することであった。人間の意志と努力が自然の障害を克服し、本来ぶどう栽培に好適な南よりかえって上質のワインを醸造するようになったのは、まさにワイン文化の大きな特徴である。

シトー会修道院は、農地面積が広がり、修道士だけではとてもぶどう栽培に手がまわらなくな

ぶどう畑での労働
11世紀の写本（ハインリヒ3世の福音書）、ブレーメン大学／州立図書館

ると、労働修士を募集して、彼らには茶衣を着せ、ぶどう栽培やワイン醸造の訓練をほどこした。一種の農業学校であった。古代ローマ時代以来ぶどう農園は果樹や野菜との混栽がむしろあたり前であり、二十世紀半ばにもまだイタリアでは、ぶどう棚の下に豆を植えたりする農夫がいると揶揄されていたものであるが、北国のぶどう畑に棚など最初から禁物であった。ぶどうの房が寒風にさらされないよう木を地面近くに這わせるようにまげたりもして、大人の背丈以上にはぶどうの木をのばさないようにしなくてはならない。シトー会の修道士たちはさらに、ぶどう農園には他のいかなる果樹も野菜も植えないという規律を確立し、また野獣や家畜などから農園を保護するため石垣の囲い「クロ」（clos）を築いた。いまではこの「クロ」もまた銘醸畑に冠する称号のように使われている。

ぶどう摘み
シトー会修道士による写本の飾り文字
1100年頃、ディジョン市立図書館

ところで現ブルゴーニュでは、赤はピノ・ノワール種、白はシャルドネ（ピノ・ブラン）種といった単一品種からワインを醸造することを、かたくななまでにまもっている、というか単一品種から最高のワインを醸造する伝統を誇っている。この美学の基礎をなしたのがシトー会修道士たちの宗教的情熱であった。もっとも彼らは単に情熱のとりこにばかりなっていたわけではなかっただろう。「水ばかり飲まずに、胃のために、あるいはたびたび起こる病気のために、少々はワインを飲みなさい」（一テモ五・二三）と聖書の使徒の言葉にも大いに促され、自分たちも美味なワインを飲めることに慰めや楽しみを覚えたことであろう。最初の栽培ぶどうからとれた北国のワインは、ひょっとするととても満足できるものではなかったかもしれない。しかしあきらめずに苦労を重ねた結果、上質なワインを生み出すことに成功したときには、そのワインの味わいが過酷な労働を、神から与えられた試練どころか悦びに変えたことだろう。

と同時にまた彼らは、すぐれたワインの産出によって商業競争に勝たねばならないという合理的な思考も働かせていたにちがいない。ソーヌ河は同じ川でも、経済立地条件としてはセーヌ河やロワール河にはとてもかなわなかった。それを克服できるのは、ひとえに上質ワインの名声であった。よい歴史的な例がシャブリである。[6] シトー会は一一一四年オーセールの分院に、この町の近郊のシャブリにトゥールのベネディクト会サン・マルタン修道院が放置していたさら地を買い取らせた。オーセールはパリからセーヌ河をさかのぼった上流地域に位置し、いまはぶどう畑もない無名の地方都市にすぎないが、中世初期にはブルゴーニュの一中心都市であった。シトー会が買い取った問題の地は、八六七年頃ノルマン人の襲来にあってロワール河畔から逃げだした修道士たちが、シャルル禿頭王から与えられ、ぶどう栽培を始めたものの実益をあげられずに結局は放置してしまったのであった。このディジョンよりさらに北の開墾農地をシトー会修道士たちが銘醸畑にまで育てあげたため、鉄道敷設時代の到来とともに、南方のワイン産地に太刀打ちできなくなった周辺のぶどう栽培がすべて消滅してしまった後も、シャブリの畑だけは、特産ワインの名声とともに生き残ったのである。現代シャブリといえば、シャルドネ種の淡く緑がかった黄金色のきりりとひきしまった辛口の、生牡蛎などに最適といわれる白ワインの代名詞にもなっている。

ベルナルドゥスとシトー会の発展

クリュニー派を割って出たシトー派に対し、ベネディクト会からは最初さまざまな圧力がかけられたものだが、それらをはね返し、シトー会として教皇庁にも認められ、フランス宮廷からも一目置かれるような大きな存在に発展させる指導者がまもなく現れた。ベルナルドゥス（一〇九〇—一一五三）という、ディジョン近郊のブルグンド族出身の領主の息子である。家督を継がず、一一一二年にシトー派の修道士となり、三年後にはシャンパーニュ近郊の谷間の村の分院に院長として派遣されて、この谷間を自らクララ・ヴァリス（ラテン語で晴朗の谷間の意、フランス語ではクレルヴォー）と名づけ、ここで生涯の活躍の基礎を築いたため、フランス史ではクレルヴォーの聖ベルナールと呼ばれているが、分院長時代、シトー派修道士のなかには、公の場でもクリュニー派を誹謗する言葉を口にする者がいたためか、ベネディクト会の上位聖職者から釈明を求められている。一一二五年、ベルナルドゥスはシトー会の立場を弁明する長文の書簡をサン＝ティエリ修道院長に差しだしているが、面白いことに、自分たちは決してクリュニー派ほかの修道院に敵対するものではないと断りながら、その実、クリュニー派の堕落ぶりの例をことこまかにあげて皮肉な言葉をつらねている。すべて引用するわけにはゆかないが、ワインに関するところだけと

ワインを飲むベネディクト会修道士
13世紀の写本、大英図書館

りあげると、「われわれは皆修道士であるために胃の病を患っていて、使徒が葡萄酒の摂取について正当な根拠をもって述べた勧告を顧みないわけではないが、使徒が前置きした、少し、という言葉を見落としているのではないか。……あなたはたった一回の食事に半分ほど葡萄酒の入った杯が三、四種類出されているのを見かけるだろう。そしてあなたはさまざまな葡萄酒を飲むというよりも香を堪能し、すするというより舌で味わい、……多くの葡萄酒のなかから最も強い一種類の葡萄種を選ぶようになる。大祝日に多くの修道院では蜂蜜を混ぜたり香料の粉末がふりかけられたれた葡萄酒を飲む慣習が見られるのは何と言ったらよいものか。……飲んだ後血管は弾けんばかりに、頭はわれんばかりになって、食卓を立てば、もう寝る以外にすることがあるだろうか」(杉崎泰一郎訳)。彼は飲食のみならず、衣服、乗り物(馬)、建築物などに関して、他のベネディクト会修道院の贅沢ぶりもことこまかにあげつらっているが、今引用した箇所から、修道院によっては、修道士たちが何かの理由をつ

聖ベルナールの幻視
アロンゾ・カーノ画、1650年頃、プラド美術館

けては、領地内のさまざまな畑から産出したワインを飲みくらべたりするワインパーティーを楽しみ、あげくに酔っ払ってしまう光景が目に浮かぶようである。

ベルナルドゥスには新興宗教の祖のようなカリスマ性があったのだろう。肥満王ルイ六世（一〇八一—一一三七）の支持を得て、パリ宮廷内外に強い影響力を行使するようになるまでに、さして時間はかからなかった。そうして第二次十字軍を召集したり、教皇と提携して神聖ローマ帝国の外征にも介入するなど、政治的にも辣腕をふるったものであったが、シトー会はフランス国内のみならず、ドイツ、イギリスにも分院を増やして、クレルヴォーのベルナールの晩年にはシトー会修道院の数は五百近くにたっし、本拠のクレルヴォーの修道院には七百人もの修道士が生活をしていたという。

ワインと聖母マリアの乳⑦

しかしブルゴーニュワインに、クレルヴォーのベルナールが大きな貢献をなしたのは、彼が幻視癖のある名だたるマリア崇拝者でもあったからであろう。幼児イエスに授乳しているマリアを幻視した際に、マリアの乳首からしたたり落ちる乳が自分の唇をぬらしたおかげで、霊的な英知を得たというベルナールのエピソードは画家たちのモティーフにもなって、中世後期のマリア・ラクタンス（授乳する聖母）信仰の普及に大きな影響を与えているのだが、彼にはじつはセニのブルーノ（一〇四〇／五〇―一一二三）という、マリアの乳をワインと同一化した先輩がいた。やはりベネディクト会修道院出身の司教であり、クレルヴォーのベルナールほど歴史的には知られていないが、当時の聖職界では聖書釈義の権威であった。この司教が旧約聖書の雅歌を取りあげ、マリアの乳房とワインについて奇想天外な解釈をおこなったのである。問題の箇所を引用すると、

きみの隠しどころは丸い盃
これに薬味ワインの絶えることはない
きみの腹部はユリにかこまれ、小麦の稔る丘
乳房は二匹の子鹿、双子のカモシカ

……

きみのたたずまいはナツメ椰子
きみの乳房は、その実の房
私は木にのぼり、その房をつかもう
ぶどうの房でもあれ、きみの乳房は

（雅七・三―九）

このようにきわどいメタファーを駆使して恋人への思いを歌っている官能的な歌が、なぜ旧約

聖書に採択されているのかは謎であるが、中世の神学者や聖職者は、何とかこの異教的な雅歌をキリスト教神学的に正当化するために、我田引水の知恵を絞ったのである。いま訳出した箇所をブルーノがどう解釈したか、ドイツ人マリア学者シュライナーの独訳を孫引きすると、「ヘブライの恋人が、婚約者の乳房にたとえた二匹の子鹿とか双子のカモシカというのは、ユダヤ人と異邦人双方を示唆するものである。教会の乳房は美しいが、シナゴーグの乳房は黒い乳で彼女の息子を養う。教会は彼女のこどもたちに甘い乳を与えるが、シナゴーグは私生児たちをワインで酔わせるのである。教会の乳房も、乳のみならずワインもふくんではいるが、彼女は単純な信徒たちは乳で養い、賢者たちにはワインを与える。このワインは、彼らに神洞察の能力を与え、恍惚にいたらしめ、心を喜悦させる」というのである。「雅歌」の恋人の豊満な乳房のメタファーである「二匹の子鹿、双子のカモシカ」を、どうしてこんな風に解釈できるものか、常識では考えられないことだが、このようなキリスト教神学的解釈のもとに、「神洞察の能力を与え、恍惚にいたらしめ、心を喜悦させる」ワインとマリアの乳房信仰とがむすびつけられたのである。「授乳する聖母」崇拝が盛んになるにつれ、ブルゴーニュの高級ワインは、霊験あらたかなものとして、地元の公伯貴族層のみならず、パリ地方（イル・ド・フランス）の王侯貴族、大修道院の幹部や領主司教のみならず、教皇や枢機卿たちにも重宝がられるようになり、商人たちが競うようにして上質ワインの買いつけにブルゴーニュへやってくるようになったのである。

4　ワインとブルゴーニュ大公国(8)

ボーヌの名声

カペー王家が絶えると、ブルゴーニュは次のヴァロア王家の封土となり、ジャン二世（善良王、在位一三五〇―六四）は息子のフィリップをブルゴーニュ公に封じたが、この息子がフィリップ・ル・アルディ（豪胆公フィリップ、在位一三六三―一四〇四）のあだ名の通りの勇ましい男であった。彼の最初の戦略は、フランドル伯ルイ・ド・マルの娘マルグリット・ド・フランドルを公妃にすることであった。中世おなじみの結婚戦略である。ところがマルグリットはすでに、イングランド王エドワード三世（一三二七―七二）によって、その息子エドモンドと婚約させられていた。織物産業で繁栄するフランドル地方を、羊毛輸出国イギリスもかねがね狙っていたのである。ちなみにエドワード三世は、英仏百年戦争の直接的なきっかけを作った人物でもあるが、フィリップ・ル・アルディは、エドモンド王子の婚約者を横取りするために、アヴィニョンの教皇ウルバヌス五世をかつぎだし、教皇を後だてに、従兄妹関係にあるマルグリット・ド・フランドル、エ

ディジョン、シャンモル修道院聖堂扉口
中央やや左よりにフィリップ・ル・アルディ像

ドモンド王子の婚姻は許されないとして婚約を解消させ、マルグリット・ド・フランドルを自分の妻にしたのである。ということは彼女の豊かな相続領の獲得を意味した。ブルゴーニュ公国は織物産業で栄えるフランドル地方まで併合する大公国となった。

フィリップ大公は王様気分で、首都ディジョンの宮殿を大改築し、郊外には自らの菩提寺にと、美術館と見まごうような壮麗な修道院を建設してカルトゥジオ会に寄進した。と同時に、大いに機嫌を損ねたイギリスとの和解工作に精をだし、英仏戦争に青息吐息のフランス王シャルル五世(一三六四―八〇)を尻目に、王の息子オルレアン公が領有するロワール河上流域のワイン産地を押さえにかかった。自らの利益もさることながら、イギリスに利すると見たからである。第七章で詳しく述べるが、ロワール河下流域をふくむアキテーヌ地方は、すでにクレルヴォーのベルナールの時代からイギリス領になっていたのである。

ブルゴーニュ大公国の時代のブルゴーニュの高級赤ワインの代名詞はボーヌであった。より正確には、旧ブルゴーニュ公のウド三世から一二〇三年に自治権を得ていた自由都市ボーヌは、その頃からブルゴーニュでも最高ワインの産地という評判をとっていたが、カペー王家最後の王フィリップ四世(在位一二八五―一三一四)がボーヌの赤ワインを宮廷ご用達ワインに指名して、「ボーヌ」の名を不動のものにした。このカペー王家断絶後、ヴァロア朝を創始したフィリップ六世(在位一三二八―五〇)もこれを踏襲し、戴冠の祝宴に「ボーヌ」を供させたりしたから、「ボーヌ」の名声はさらに高まり、ブルゴーニュ最高級赤ワインとして高値がついたのである。当然ながらその販売に課せられる税額もまた最高のものになったであろう。「ボーヌ」を愛用したのはパリの王侯貴族だけではなかった。一三〇八年にフィリップ四世がローマ教皇庁に対抗して、ローヌ河畔のアヴィニヨンに開かせた教皇庁の教皇クレメンス五世も、ローヌ河をくだる船を使って「ボーヌ」を運ばせたものであるが、先程の教皇ウルバヌス五世などにいたっては、「ボーヌ」をローマへ届けたりしたら破門するなどという身勝手な勅書を一三六四年にシトー会修道院に送りつけたものである。こういう次第であったから、フィリップ豪胆公はボーヌ周辺の銘醸畑のみならず、公国の財政にとって重要なブルゴーニュワイン全般の品質と名声の維持に執心した。彼はぶどう農夫たちに、他の果樹をぶどう園に混栽しないシトー会修道士たちの畑を見習え、という勧告もだしている。

ピノ・ガメ抗争

ところがよりによってこの時代に、ワイン産業にも危機的な事態が発生した。一三四八年から四九年にかけてブルゴーニュ地方にもペストが蔓延したのである。修道士がつぎつぎに倒れ、十分にぶどうの手入れをすることができなくなった、のみならず畑そのものが放棄されもした。労働不足をきたしたのは、貴族や教会の所領の畑も同様であった。ピノ種は上手に剪定しないとよい実がならないし、べと病、うどんこ病などにも弱い神経質な品種なのである。この危機的状況のなかで、ガメ種(9)の植栽が広がりはじめた。日本で毎年大騒ぎするボジョレ・ヌヴォーを造る品種だが、ガメ種はピノとは反対に丈夫で伝染病にも強く、またピノほど栽培に手もかからず、しかも収穫量がピノ種の二倍以上はあるという多産品種である。といえば良いことずくめで、まるでぶどうの救世主の出現のように聞えるが、この品種はタンニンが粗悪で、安ワインしか醸せない二流品種である。ピノ種の収穫がままならない危機的状況にあってはガメ種への転換も仕方のないことであったが、ペスト流行がおさまった後も、この品種の栽培は増えつづけた。増加するばかりのワイン需要に応えるためであった。しかもガメ種からしぼった安ワインにピノ・ノワー

フィリップ・ル・アルディの肖像

ルを少々混入したものをピノ・ノワールの赤と偽装して売りこむことを考えついた悪徳商人も現われてくるしまつであった。金もうけとなると、いつの世も悪徳商人が暗躍するものである。

憤激した豪胆公は一三九五年、「不埒なガメ種」を根絶せよという公爵令を発動した。ブルゴーニュの畑にはピノ・ノワール種しか植栽してはならぬと命じたものであった。じつはこのときはじめてピノという名称が公の文書に現れたという。だからフィリップ豪胆公自身が優良ノワリヤン種をピノと名づけたのだとか、シトー会修道士が改良した品種をピノと呼んでいたのだとか推測されているが、はっきりした経緯はわからない。いずれにしても公爵令は大して効果はなかった。ワインの需要の増大に供給が追いつかなくなっていたからである。中世も初期の頃は、修道院の修道士たちは別にして、ワインを口にできるのは上流階級だけであった。ぶどう栽培農夫や賃金労働者でさえワインを口にすることはできなかったのである。したがって彼らは圧搾に手心を加えた後の糟（マール marc）を持ち帰り、これに水を加えたピケット（piquette）を飲むというささやかな知恵を働かせたものであった。日本でも、米や酒が権力者たちの独占してしまった万葉時代には、庶民は酒を口にできず、酒粕を買い求めて湯でといて飲んだというのに似ている。ところが中世も後期になると都市の住民たちも安ワインなら飲む余裕がでてきた。ワインを日常の飲み物にする習慣がひろがりをみせ、パリのような都会はワインの一大市場となっていった。そうなると、これを目あてに商人たちは、できるだけ安いワインを仕入れ、大量に供給してもうけようとした。ガメ種を植える畑は増える一方であった。王侯貴族や聖職者の領地の小作農たちもガメ種を植え始めたために、ブルゴーニュワイン全般の評判は落ちていったが、その一方で、逆に高級ワインの銘醸畑は希少価値を増すという現象が見られるようになった。

大公国の繁栄と終末

ブルゴーニュ大公国三代目のフィリップ・ル・ボン（善良公、在位一四一九―六七）もまた祖父と同じくガメ追放令をだし、ブルゴーニュワインの名声の維持につとめたため、彼の時代には、ガメ種はブルゴーニュの畑からかなり駆逐され、ピノ・ノワール種が復活している。またこの三代

ボーヌの救済院「神の家」

目の時代に大公国はネーデルランド北部も併合し、経済的のみならず政治的文化的にも繁栄の頂点にたっする。ちなみにフランドル出身の有名な画家ファン・アイクやファン・デル・ウェイデンもディジョンの宮廷画家になっている。善良というと何か温厚、寛容な名君に聞こえる。国が栄えたからには善良公と呼ばれてふさわしかったのかもしれないが、フィリップは、裕福なワイン醸造家の娘をむりやり自分の従者の嫁にきめて、その我意を通すのに国事も忘れるほど衝動的なところがあるかと思えば、執念深く狡猾で計算高い陰謀家でもあった。父親のジャン（在位一四〇四―一九）がオルレアン公ルイのだまし討ちにあって落命した恨みを忘れず、百年戦争の最終期に、オルレアンを解放したジャンヌ・ダルクをイギリス軍に売り渡すような策謀もやってのけている。そして彼の財務卿をつとめたニコラ・ロランというのがまた曲者であった。ジャンの時代から外交官、法務官として切れ者ぶりを発揮したが、地位を利用して私腹を肥やせるだけ肥やしたものである。晩年になってさすがに罪悪感にさいなまれたらしい。そこで罪滅ぼしに莫大な私財を投入して、ボーヌに貧者を無料で収容し加療するという救済院「神の家」[10]を建設したものであった。フランドル式ゴシック様式の粋をつくし、救済院にしては豪奢な建築物である。ロランの二度目の妻ギゴーヌ・ド・サランも夫に歩調をあわせ、救済院の運営費の財源にと、ボーヌ郊外に所有していた銘醸畑を寄進している。この救済院は、近代まで経営されていたが、いまは博物館としてボーヌ最大の観光名物となり、ここの庭でも毎年盛大なワイン・オークションが催される。

ニコラ・ロランの肖像

ぶどう圧搾機（上は17世紀、下は18世紀のもの）
ボーヌ、ブルゴーニュ・ワイン博物館

百年戦争は周知のようにフランスの最終的な勝利によって終結し、これでブルゴーニュ大公国の命運はつきることとなった。フィリップ善良公はあわててシャルル七世（在位一四二二―六一）と和平協定をむすび、イギリスと縁を切ってみせたりしたが、もはや手遅れというものであった。息子のシャルル最終公（一四六七―七七）はルイ十一世（一四六一―八三）に追いつめられ、公国の首都ディジョンは落城する。ところが追いつめられたシャルル公が窮余の一策として娘のマリをハプスブルク家の神聖ローマ皇帝マクシミリアン一世（一四九三―一五一九）に嫁がせたため、ブルゴーニュ公国の北部大半は、以後三十年戦争が終結する一六四八年まで、神聖ローマ帝国の支配下に入ることになった(11)。

5　革命を越えて生き続けるブルゴーニュワイン

コンティ対ポンパドゥール

ブルゴーニュワインは大公国と運命をともにすることはなかった。ワインの名声はもう不動のものであった。中世末期に流行したマリアの乳と称する聖遺物を「白墨をすりつぶし、卵白とまぜあわせたもの」[12]だと揶揄してはばからなかった人文主義者エラスムス（一四六五―一五三六）でさえ、ブルゴーニュワインとなると、精神的な「乳」のように信じて、「ボーヌ」を愛飲したものである。パリの王侯貴族たちも同様であった。何しろブルゴーニュワインは霊験あらたかという伝統があったからである。聖母マリアの乳と同一化するようなことはもはやなかっただろうが、かわって疑似医学、疑似科学が横行する時代になると、医者がワインの薬効を大まじめに宣伝したものである。有名な例がルイ十四世（一六八二―一七一二）の侍医ファゴンのエピソードである。通風に悩む王のシャンペン好きをファゴンはとがめ、ブルゴーニュのコート・ド・ニュイ地区の熟成した赤ワインを飲めば病は快癒するといって勧めたという。赤ワインが通風に効くなどというのは医学的根拠のない話であり、もし王の病気が昂進していれば、この侍医はひどいことになっていただろうが、さいわい苦痛は緩和されたらしい。

ブルゴーニュワインの名声獲得に貢献した修道院の方はしかしながら、時代の社会の経済構造、文化構造の変化に押され、その衰退傾向は加速していた。修道士の数も激減し、修道院はぶどう畑を手放さざるを得ない苦境に陥り、それを富裕な上級貴族たちは競うように買いとっていった。象徴的な例がサン・ヴィヴァン大修道院の所領であったヴォーヌ・ロマネ村の銘醸畑の場合であろう。村名のロマネは、ローマ人が入植していたガロ・ローマ時代に由来するが、一六三一年財政難に苦しむサン・ヴィヴァン修道院は、このヴォーヌ・ロマネ村にある一・八ヘクタールほど

ワイン造り
1500年頃のタピスリー
パリ、クリュニー美術館

の特級畑（グラン・クリュ）をフランドル出身の領主フィリップ・クローネンブールに売却した。クローネンブール家は数世代この畑を保持し、沃土散布をおこなうなどして土壌改良につとめたが、費用をかけたほどの収入も得られず、ついに負債にたえかねて売り出した。一七六〇年これをブルボン王家傍系の富裕貴族コンティ公ルイ・フランソワ（一七一七—一七七八）が法外な高値で買い取った。この高値にじつはわけがあった。野心家のルイ・フランソワは、ルイ十五世がフランス王位につくと、今流にいえば外務省の次官のような役を買って出て暗躍したものであったが、彼には腹にすえかねる相手がいた。王の愛妾ポンパドゥール侯爵夫人（一七二一—一七六四）である。侯爵といっても、王が市井の女性を愛妾にして与えた称号だが、この侯爵夫人というのがまた負けん気の固まりのような才女で、フランスの内政、外政に口をだしたり、芸術家などを招いて宮廷内でサロンを主催したり、自由奔放にふるまっていたが、クローネンブール家が手放したがっているロマネ村の特級畑の話を耳にして、これを私有化しようと王に働きかけた。それを、コンティ公がそうはさせじと張りあい、法外な値をつけて買い取ったのである。以後この畑はロマネ・コンティと呼ばれるようになった[13]。この畑も他と同様にフランス革命政権に没収され、ジュリアン・ヴーヴラルとかいうブルジョアの手に落ちたが、ロマネ・コンティの名称は所有主の勲章となって生き続け、ドメーヌ・ド・ロマネ・コンティ社経営の現代も、ワインに関する迷信と虚栄心を標的にした商品になっているのは、これまたいかにもブルゴーニュ的ではある。

フランス革命の一因となったワイン

十八世紀に入って、「小氷河期」と呼ばれるほどヨーロッパ大陸は寒冷化した。セーヌ河流域、ロワール河上流域などパリに近い北方のぶどう栽培地域が激減したのはこの時代である。ブルゴーニュでもぶどうの不作がつづき、ワインの質が低下したのみならず、量的にも、富裕層の需要さえみたせなくなり、ガロ・ローマ時代にぶどう栽培が北上を始める起点でもあったリヨン市南方のローヌ河流域のエルミタージュ地区などが供給源に加えられることになった。こうした事態につけこんで、またガメ種栽培が息を吹きかえしてきた。ブルゴーニュ大公たちに嫌悪されたガメ種のこの根強さは、すでに述べたように十四世紀後半頃より、パリをはじめとする都会の一般庶民、労働者の間にもワインを飲む習慣がひろがりはじめていたおかげによるものでもあった。いうまでもなく、彼らに飲めるのは高級ワインではなく、値段の安いワインである。需要に応えようとするのは商業の理屈かもしれないが、それまでは醸造の際に糟として捨てていたものまで、絞りに絞って、商人に安く買い取らせる畑がでてきた。しかしそれくらいではとてもまにあうものではなかった。ブルゴーニュの南端のマコンの南隣のボジョレ地方では、ひたすらガメ種による生産量の増加をめざし、隣接するリヨン市の庶民や労働者たちへの安いワインの供給を一手に請け負ったものである。生産地が消費地の隣にあるということも理想的であった。ボジョレ地方をまねしない手はない、というわけで、十八世紀半ば頃には、新たにパリの周辺の土地にも、粗悪でも手間のかからないグエとかいう多産品種が植えられていった。商業エゴイズムにとっては、品質の良さより、売れてもうかることの方が重要であった。

貴族階級や富裕ブルジョア層は、安ワインがパリ市場を支配することが不愉快でならなかった。しかしこれはいささか身勝手な不満である。というのも、もともとワインの需要が一般に広がり始めた十四世紀に、彼ら自身もこれを助長していたのである。司教も領主もブルジョア階級も、自家用のワインの余剰分、あるいは醸造に失敗したり貯蔵中に劣化のはじまったものなどを、召使を使って道行く者たちに売りさばいたものである。フィリップ豪胆公などもディジョンの修道院に、この種の小売の特権を与え、しかもそのもうけは免税にしたりしている。この小売商売をまねてパリに居酒屋商売が続出してきたのを、いまさらけしからんというのは身勝手であるが、パリの高等法院は一五七七年にワインに一種の関税をかけることにより、安ワインのパリ市内搬入を制限する決定をくだした。当初は、安ワイン生産およびこれと結託する商人の金もうけ、ならびにパリ市内の風俗的にいかがわしい安酒場の繁盛を阻止するというのが名目であった。しかしやがて王政は、ワインの市内搬入税そのものを当てにするようになり、税額をあげていった。おかげでパリ市民は市外より三倍以上もの値のするワインを飲まなくてはならなくなった。そうなると安ワインをひそかに運びこもうとする者、市外への買いだしにゆく者が跡をたたなくなる。

これに対して監視委員会、審査委員会などが組織されたり、パリ近郊地帯でグエ種の栽培を禁止するといった措置が講じられたりした。その一方で王侯貴族たちは、ブルゴーニュの銘醸地の高級ワインを自由に搬入できるという特権を維持していたのである。ワインをめぐる忿懣がパリ市民の間で大きくなるのは当然のなりゆきである。七月十四日、怒れる群衆がバスティーユ監獄に怒濤のように押し寄せ、乱入して火の手をあげた一七八九年の市民革命は、ワインと無縁ではなかったのである。ワインに関する市民の忿懣も革命の大きな動因であったということは一般には知られていないが、バスティーユ監獄襲撃に先だち、税関のある市門が焼き討ちされる事件が火山大噴火の予兆の地震のように起きていたのである。

市民革命とブルゴーニュワイン

ブルゴーニュは、革命政権に当然ながら目の仇にされた。クリュニー大修道院などは徹底的な破壊の対象となり、領地はあますところなく没収された。壮大な建造物を破壊しつくすには、相当な人出がいったことだろう。派遣された革命軍に、地元の不満分子やならず者たちも加わって、彼らは思う存分乱暴狼藉を働いたにちがいない。危険を察して聖職者、修道士たちは蜘蛛の子を散らすように逃げ出していっただろうが、逃げ遅れて惨殺された者もそうとういたかもしれない。シトー会もまたその全財産すべてが国有化された。革命政府がくだした没収命令を実践すべくブ

ワインと食糧の配給
L.-L. ボウイー画、1822年、パリ、カルナヴァレ博物館蔵

ルゴーニュ公国に乗りこみ、陣頭指揮にあたった指揮官のなかに、血気盛んな若いナポレオン・ボナパルトの姿もあったが、没収された教会領や修道院領、諸侯の地所はすべて競買にかけられ、極上のぶどう畑は新興ブルジョアの手に落ちた。フランス革命は農民や労働者の名のもとに遂行されたはずなのに、銘醸畑は彼らのものにはならなかった。農民たちが手にしたのは二級、三級の畑であった。何はともあれ畑を手にした農民たちは、そこで生産量をあげようとふたたびガメ種の栽培を始めたものである。またしてガメ種がブルゴーニュ全体にひろがり、ピノ・ノワール種より量的に優勢を誇るようになった。

ナポレオンとブルゴーニュワイン

ナポレオンがフランス革命当時に乗りこんだなかにシャンベルタンという村があった。ディジョンとクロ・ド・ヴージョのほぼ中間に位置し、ぶどう栽培の歴史は古く、七世紀にベーズ修道院が所領を開拓したのが起源である。このシャンベルタンの名がブルゴーニュの赤を代表する名前として国際的に有名になったのはナポレオンのせいだという。彼がこの村の赤ワインに惚れ込み、皇帝になってからも、出陣中でさえ手元においていたという話の真偽のほどはわからないが、いずれにしても、この小さな村の名前が都市ボーヌに代わって登場してきたのは革命以後である。フランス革命により、小作農民も小地主も畑を手にしたのであったが、ブルゴーニュの畑

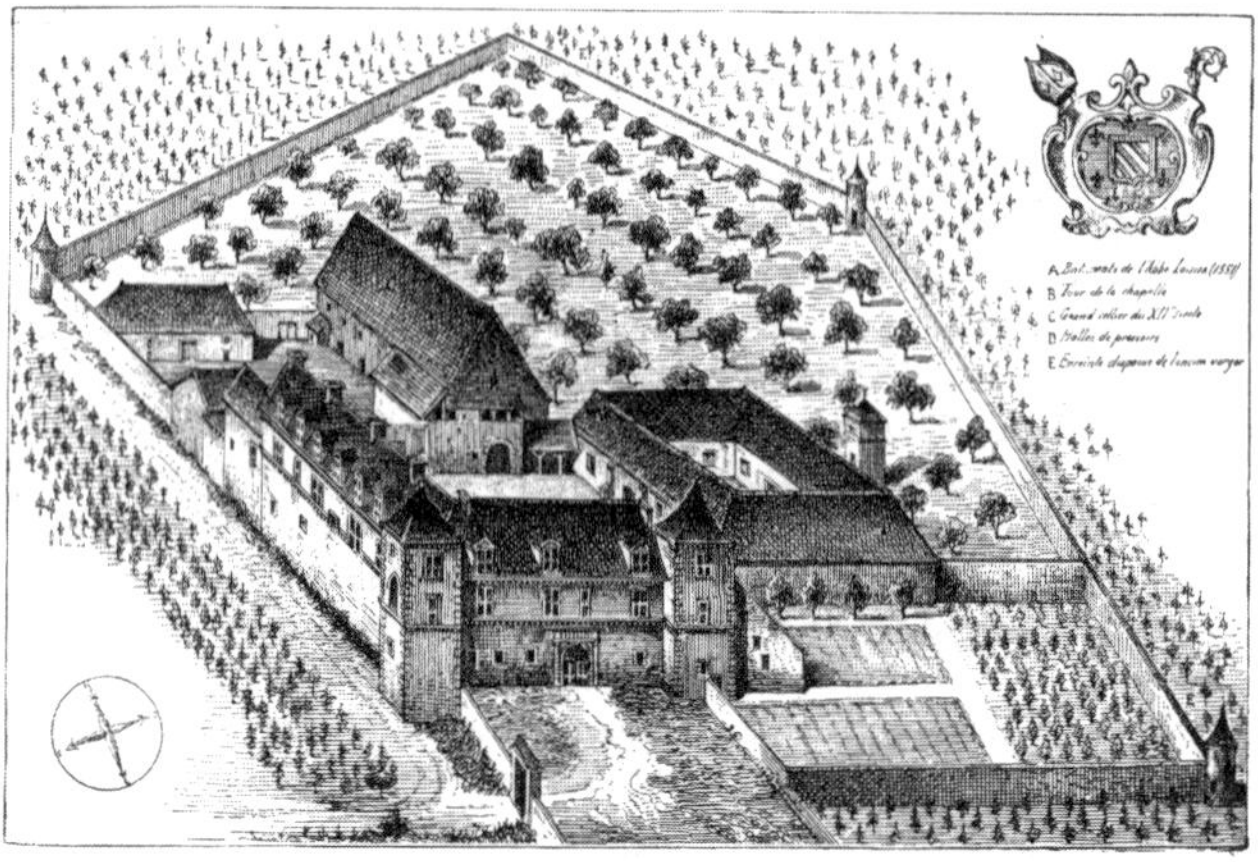

クロ・ド・ヴージョの城館
いまだシトー会の施設として使われていた頃の銅版画

は、やがてナポレオン法典によりさらに細分化されることになった。土地財産は子の性別にかかわらず、全員で均等に相続するという民法が適用されたためである。畑が細切れになっていった。[14] 先ほど、城館が広々としたぶどう畑に囲まれているといったクロ・ド・ヴージョも、一望しただけではわからないが、じつは何十というぶどう栽培農家に分割されているのである。したがってラベルには同じクロ・ド・ヴージョという呼称が記載されている同年代ものでも、品質にはばらつきがあるかもしれない。

ワイン醸造に関して、ナポレオンの恩恵に浴する出来事もあった。といってもナポレオンの致命的な大怪我がブルゴーニュにもたらした功名というべきものである。ソムリエたちがシャプタリザッシオンというぶどう原汁への糖分添加である。ナポレオンは周知のように、ヨーロッパ征服を企てたが、頑として屈しないイギリスを経済的にしめあげようと大陸封鎖という無謀なことをやった。制海権をにぎっているイギリスに経済封鎖をかけるのは、自分の首を絞めるようなものであった。西インド諸島からの砂糖の輸入もたちまちイギリスに止められてしまった。そこでナポレオン政権の農相を務めていた化学者ジャン＝アントワーヌ・シャプタル（一七五八―一八三二）はフランス北部のぶどう畑の周囲に急遽甜菜《てんさい》（砂糖大根）の栽培を急がせた。と同時に天候不順の年のぶどうや早摘みしたぶどうの発酵桶に甜菜糖を添加することを認可して、北国のぶどう栽培の苦労を軽減することもはかった。北国では、天候不順の年にはぶどうの実の糖分が不足してアルコール度があがらず、ワインが薄っぺらいものになる。そこで加糖し、酵母菌を働かせるのである。しかしぶどうの実のぶどう糖とは異なる糖分の添加は邪道とみなす声もあがり、ドイツやボルドーではぶどう原汁への糖分の添加は長く禁止されていたものだが、とにかく糖分添加という醸造技術に道が開かれたため、天候不順の年のワインがかなり救われることになった。糖分添加をシャプタリザッシオンというのは、この農相の名前を普通名詞化したものである。

6　誇りと名声と虚栄と

十九世紀に入ると、ブルゴーニュやシャンパーニュ地方以外の北フランス各地に残っていたぶどう畑はいよいよ姿を消すことになった。最大の原因は鉄道の敷設である。河川の利便性が自然環境の不利を相殺どころかうわまわるという、それまでの経済的現実を、鉄道の開通が崩壊させてしまったのである。新しい輸送手段を得た地中海地域のワインとの経済競争に、寒冷地のワイン産業は太刀打ちできなくなった。にもかかわらずこれらの地方に、シトー派修道士たちが始めた手作業と本質的にかわらない作業が衰えることなく生きつづけたのは、ブルゴーニュ、シャブリ、シャンパーニュという名称がすでに不動のブランド名として国際的に普及していたからである。

十九世紀後半に、ぶどうにとって前代未聞の事態がもちあがった。かつてのペスト流行以上に恐ろしい事態であった。フィロキセラ・バスタトリクスという害虫が出現し、ぶどうの木をつぎつぎに枯死させはじめたのである。一八六〇年代、最初にローヌ河下流域の畑でぶどうの木が枯死するという異変が起きたときには、南フランス地域の風土病とにみなされていた。学者たちが病死したぶどうの木の根にダニのような虫が巣くっているのを見つけ、これがアメリカ産のぶどうの木の葉に巣くっているのと同じ虫であることをつきとめた頃には、被害はすでに南フランス以外にも拡大していた。効果的な対策が見いだせないままにブルゴーニュでもコート・ドール北部のロマネ・コンティ[15]もふくめヴォーヌ・ロマネ村まで壊滅的な打撃を受ける事態となっていたのである。なぜ突然こういう事態が生じたのかという原因については、確証は得られずじまいに終わっているが、ワイン生産量をあげるために、栽培容易でしかも多産な品種を作りだそうと、だれかが実験用にこっそり輸入した北アメリカ原産の苗木か、あるいは新大陸のめずらしい植物を観賞用に蒐集することが流行していたため観賞用にもちこんだ木とともに、この害虫が入ってきたのだろうと推測されている。フィロキセラ(日本名ブドウネアブラムシ)と名づけられたこの虫に、アメリカ原産のぶどうの木はなぜやられないのかという理由は、まもなく解明された。アメリカ原産の木の根にはおそらく野生時代からの長い歴史のなかで防御能力がそなわってきたもののようで、この虫が卵を産みつけようとすると、表面がたちまちかさぶた状に硬化するため、母虫はしかたなく葉に卵を産みつけ、春に卵からかえる幼虫はそのまま葉に瘤をつくって生息するが、ヨーロッパ品種の根は無防備なため、根に寄生する幼虫が木を枯死させるのである。したがってフィロキセラの被害をくいとめるには、根に免疫性のあるアメリカ産のぶどうを台木にして、

アロース・コルトン（コート・ドール）の畑での収穫風景（左頁も）

これにヨーロッパの品種を接ぎ木するしかないという見解にたっした。ところがブルゴーニュでは、そんな不埒な対策などとんでもないことだと猛反対の声があがり、接ぎ木禁止令までだされた。接ぎ木してはピノ・ノワールやシャルドネを台無しにしてしまうと恐れたのである。しかし硫化炭素の注入などの方法ではフィロキセラを駆除できなかったのみならず、この殺虫剤がまたぶどうの木を害なうということもあって、結局は接ぎ木によるしかヨーロッパ品種は救えないという結論になったのである。このフィロキセラ騒ぎに乗じて、ブルゴーニュではふたたびガメ種の栽培が圧倒的な優勢をほこるようになった。ふしぎなことに、病気に強いガメ種はこの虫に対してもかなりの抵抗力をもっていたのである。公国時代に大公から「粗悪で不埒な品種」ときめつけられ、北隣のブ

ルゴーニュ最南端のマコン地区のワイン醸造家から「不健康な品種」と軽蔑されながらも、南隣の都市リヨンの労働者や庶民の間で増大する安いワインの需要をあてこんでガメ種栽培を続け、リヨン市当局から税制上の優遇措置なども得ていたボジョレ地方の村々のガメ種栽培者たちは、このフィロキセラ騒ぎを傍観し、ほくそ笑んだかもしれない。

大公国時代のピノ・ガメ抗争を第一次とするならば、十九世紀後半、ブルゴーニュでは第二次ピノ・ガメ抗争が展開されることになったわけである。フィロキセラによって壊滅的な打撃を受けた畑にとって、ガメ種の植栽による復活という誘惑は大きかった。ブルゴーニュ全域の畑がガメ種など他の品種を追いだし、赤はピノ・ノワール、白はシャルドネという修道院時代の美学をとりもどし、昔日の栄光を蘇らせたのは、ようやく第二次世界大戦後のことなのである。ガメ種栽培はいまではボジョレ地方の三〇村に限られることになり、ワイン評論家マット・クレイマーのようにボジョレ地方をブルゴーニュには入れない者も少なくない。

註

（1）古代ワイン文化は、キリスト教によって書きかえられていった。あのグルジアでも、ぶどう栽培の始まりは、四世紀頃に聖女ユノが葡萄の枝を頭髪で結わえてつくった十字架を両腕に抱えてやってきたおかげだという伝説が生まれ、ドイツのフランケン地方でも司教キリアン（六四〇頃―六八九）がぶどうの守護聖人とされている。古代ローマのバッカス祭は、フランスでは聖マルティヌス（サン・マルタン）祝祭に変貌していった。中世フランスではサン・マルタンを讃えてワインを飲み、ガチョウを食い、「サン・マルタンの角」とかいう菓子を焼く祭が普及した。逆にいえば、キリスト教化された世界に古代の記憶は生き続けたということかもしれない。パンノニア（現ハンガリー）出身で、ロバにのって放浪生活を送っていた酒好きの大食漢だというマルティヌスは、ギリシアのサテュロスに似てなくもない。もっともバッカス信仰そのものも中世に長く伝承されていった。十六世紀のハンス・バルドゥング（一四八四頃―一五四五）の版画にもバッカスが描かれているが、アルザスの農村には、取り入れた最後のぶどうを積んだ荷車の上にバッカス役の若者をのせて帰ってくるという習慣があったという。ディオニュソス信仰の祭祀も、キリスト教化された中世にはぶどう収穫祭りという無難な農業祭に変化して生き続けている。

（2）メロヴィングの名は一族の始祖メロヴィクスに由来するが、メロヴィング王家は宮宰ピピンのクーデターによりカロリング家にとってかわられた。ピピンの息子カール一世（大帝）時代にフランク王国は絶頂期に達する。カロリングはカールの息子たちという意味である。ところで、パリの北二〇キロほどの地にサン・ドニ修道院に所属していた農村集落の跡が発掘されているが、こうした集落の農業生産物は物税として修道院におさめられていたのである。カロリング時代の貨幣もサン・ドニ修道院で鋳造されていたという。

（3）ブルゴーニュは時代によって、政治行政的な範囲がことなる。ゲルマン人の大移動の時期、叙事詩『ニーベルンゲンの歌』で有名なブルグンド族が現ブルゴーニュ地方に南下してきて、ガリア＝ローマ人と融合しながら、一時は南フランスにまで勢力をのばすほどの大王国を成立させたが、やがてフランク王国に併合されて公国となった。この間の混乱時代に、地方豪族出身の諸侯たちが奸策や武力によってそれぞれに自領を広げ、フランク王国分割後もながく東西勢力と複雑にからみあって、ブルゴーニュの境界線に影響している。

（4）経済的に潤沢になった大修道院のなかには、やがて散逸の危機にあった古代の文書などの収集、保存、写本にもつとめて、貴重な図書館を備えつけ、聖職者を養成する神学校の役割もはたしたものである。映画化されているウムベルト・エーコの小説『薔薇の名前』は、あるベネディクト会修道院の、このような図書館の秘蔵図書をめぐる怪奇殺人事件を取り扱うという方法で、中世修道院の内情をくわしく描出している。

（5）マコンから三〇キロほど西方に位置する現在のクリュニーは、マコン駅との間を日に二本ほどのバスが運行されているにすぎない村に、フランス革命政権によって破壊しつくされた広大な修道院跡の大聖堂や櫓などの残骸が見られるだけだが、それでもなお観光客を集めるほどの規模である。中世を通じて修道院は大きなものだけでも何百と存在していたが、その九割近くはベネディクト会とシトー会の修道院であった。両修道院ともなぜかフランスとドイツに集中している。

（6）シャブリはケルト語のシャブレ（shable 川舟を引く）に由来するというが、白亜質の石灰岩の多い土質であるということはさておき、北国の内陸地で春の遅霜にぶどうの新芽が被害をこうむるという難儀をかかえ、畑の畦で火を焚いて霜害を防ぐという作業が現代も行なわれることがある。醸造所にはコンピューター設備を完備しても、畑の自然はかわらない。ちなみにドイツのモーゼル地方でも、五月に氷の聖女を祭る行事を行なう村があるが、霜害のたたりのないよう聖女に願をかけてきたのだろう。

（7）聖遺物崇拝や奇蹟信仰とむすびついてマリアの乳（マリア・ラクタンス）そのものに救済力があるという迷信が中世末期から近世にかけて普及するが、乳の救済力は、古代母権制時代の女神信仰に由来する。ローマ・カトリックはキリスト教神学的に異教信仰を吸収してしまうという方法で駆逐しようとしたのであるが、逆に古代信仰は倒錯的な形に変化しても、ヨーロッパのキリスト教文化の基底に脈々と生き続けたといえるだろう。ちなみにドイツワインにリープフラウミルヒ（聖母の乳）という商標を掲げた白ワインがあり、日本にもかなり輸出しているが、最初に売り出したのはラインヘッセンである。このぶどう栽培地区の南端に位置する歴史的な都市ヴォルムスの聖母教会の所領の畑地でぶどうを栽培していたカプチン会修道院の修道士たちが自前のワインを「マリアの乳」と呼んでいたのにあやかったものである。この修道士たちもマリア崇拝者であり、マリア・ラクタンス信奉者だったのであろう。

（8）今日、ワインのブルゴーニュというと、リヨンの北方のマコンから古都ディジョンまでと、ディジョンの北西のはなれ島のようなシャブリをイメージするが、当時のブルゴーニュ大公国の首都ディジョンは公国領では南に位置する都であった。したがって、公国の財源地域でもあるワイン産地は公国の最南端に細長くのびていたわけである。

(9) ブルゴーニュの大公たちが非難したガメ種は、例のボジョレ・ヌヴォーといって日本で毎年大騒ぎするワインをつくる品種だが、ジョンソンによれば、一三六〇年頃、ボーヌの南方のガメ村に現われたノワリヤンの変種ではないかという。ガメ種の赤がアロマ(果実風味)のあるワインとして飲めるものになったのは、マセラシォン・カルボニック(炭酸ガス浸漬)が考えだされたからである。macération というのは本来、肉体を苦しめて、精神をきたえる苦行のことだが、ぶどうの実をつぶさずに発酵桶に入れて密閉し、一週間くらい放置しておくと、ぶどうの出す炭酸ガスが桶内に充満し、この炭酸ガスが逆にぶどうに浸漬し、リンゴ酸が分解され、そのおかげでタンニンが非水溶性のものに変化し、ワインの中に残らなくなるのである。現代では炭酸ガスをボンベで桶内に送りこむ技法がとられている。ボジョレ村の赤ワインはしたがってタンニンがないからコクもなく、劣化も早い。新しい(ヌヴォー)ものを早く飲んでしまわなくてはならないのである。

(10) 現在は、かつての救済院の病室などもそのままの姿が見学できる博物館としてボーヌ観光の目玉になっているが、この敷地内の中庭では十一月に世界中のワイン商人を集めてブルゴーニュワインの競りが行なわれる。ボーヌの旧市街は堀と城壁に囲まれ、中世の面影を濃く残している。施設院の他にも、ワイン博物館など興味深いものも見られる。

(11) ブルゴーニュ大公国が併合していたネーデルランドもオーストリア・ハプスグルク王家の所領となる。さらにマクシミリアン一世の息子フェリペがスペインの女王イザベラの娘ジョアンナと結婚し、その長男がスペイン王カルロス一世(在位一五一六—五六)となったため、ネーデルランドはスペインの支配下にはいった。一五八一年、北部のプロテスタントのオランダはスペイン支配を脱し、オランダの商人たちがボルドー地方でワイン産業に活躍することになる。一四七七年にブルゴーニュ公国を取りつぶしたフランス王ルイ十一世は、ブルゴーニュのぶどう畑をかなりを私有化し側近たちに分け与えている。

(12) Erasmus von Rotterdam : Vertraute Gespräche (Colloquia Familia). Hubert Schiel独訳 Köln 1947, S.102.

(13) ロマネ村の銘醸畑の獲得競争に負けたポンパドゥールは忿懣やるかたなく、宮廷の宴会からブルゴーニュワインを追放し、かわりにボルドーのメドック地区の銘醸畑シャトー・ラフィットのワインを宮廷ご用達にしたものであった。このシャトーはおかげでボルドーでまっ先にフランス革命政府の没収、競買の対象となり、現在はロートシルト社のものになっている。

(14) 細分化された畑の所有者が増えたため、ネゴシアン（ワイン取引業者）が活躍するようになった。ディジョン、ボーヌ、ヌイソン＝ジョルジュなどに醸造工場を構え、自力では商売できない農家から買いとり集めたぶどうを醸造し、ブルゴーニュワインとして販売するシステムをつくりあげた。品種はピノ・ノワール、シャルドネでも、ラベルにブルゴーニュと記載されているものは、多数の畑から集めたぶどうのブレンド製品であり、上質ワインとはいえない。

(15) ロマネ・コンティだけは、銘醸畑の個性が失われるとして最後まで接ぎ木対策を拒み、硫化炭素殺虫剤に頼って、第二次大戦前までは接ぎ木以前の（プレ・フィロクセラ）ピノ・ノワールの畑を自負していたが、戦時中に硫化炭素が不足したために、結局害虫に畑を壊滅され。接ぎ木によって畑を復活させる他なかった。こうして最初のワイン醸造にこぎつけたのは一九五二年のことである。以来ロマネ・コンティ社は意図的に収穫量、生産ボトル数をうまく制限して、ワイン特有の虚栄と迷信をターゲットに伝説的な高値を売り物にしている。

第VI章

ドイツはビール王国ではなくワイン王国であった

ドイツの主なワイン産地

【扉図版】アウクスブルクのワイン貯蔵庫
1678年、ゲットヴァイク修道院図書館

ドイツワイン発祥の地

食文化に関する固定観念も一度こびりついてしまうとなかなかとれないものらしい。これだけ自由にヨーロッパに旅行できる時代になっても、ドイツといえばたいていだれもが判で押したように、ビールとじゃがいもとソーセージだという。じゃがいもはドイツに昔からあったわけではないし、じゃがいもをよく食べるのはドイツ人よりむしろイギリス人であり、ビールだってイギリスが大先輩だという歴史があるのに、いつどこでこびりついたのか、固定観念は変わらないようである。オーバーバイエルンの湖畔のどのホテルに宿泊しても、そこのレストランのメニューにある魚料理を白ワインで楽しめる。決して高い豪華料理ではない。ごく手頃な値段で、しかもバイエルンからオーストリアのザルツブルクにかけてしか楽しめない淡水魚料理である。海外パッケージツアーなどというお仕着せ修学旅行に頼らず、自由にヨーロッパの国々を歩いてみるべきだろう。いま述べたように、ビールはイギリスが先輩で、ドイツをビール王国といって的外れでないのはせいぜい十九世紀以後の話である。大昔からビールの伝統があったわけではない。だ

河畔の丘陵のぶどう畑から
蛇行するモーゼル河を望む

いいちドイツという国[1]に大昔はない。フランク王国のカール大帝（仏名シャルルマーニュ、七四二―八一四）がローマ教皇レオ三世より皇帝の冠を戴冠した八〇〇年をドイツ史の始まりとする見解もあるが、フランク王国[2]の首都をパリからアーヘン[3]に移したから、それでドイツだというのは強引だろう。しかしドイツ史の詮索をするのはやめておこう。ドイツという国より古いドイツワインの話に入ることにしたい。

モーゼル河の上流域に位置するトリーアがローマ帝国の重要都市トレヴェロルムであったことは前述の通りだが、モーゼル河はフランスのロレーヌ地方[4]のナンシー付近を源にしてライン河に合流するコブレンツまで、直線距離にすれば一四〇〇キロほどなのに、曲がり

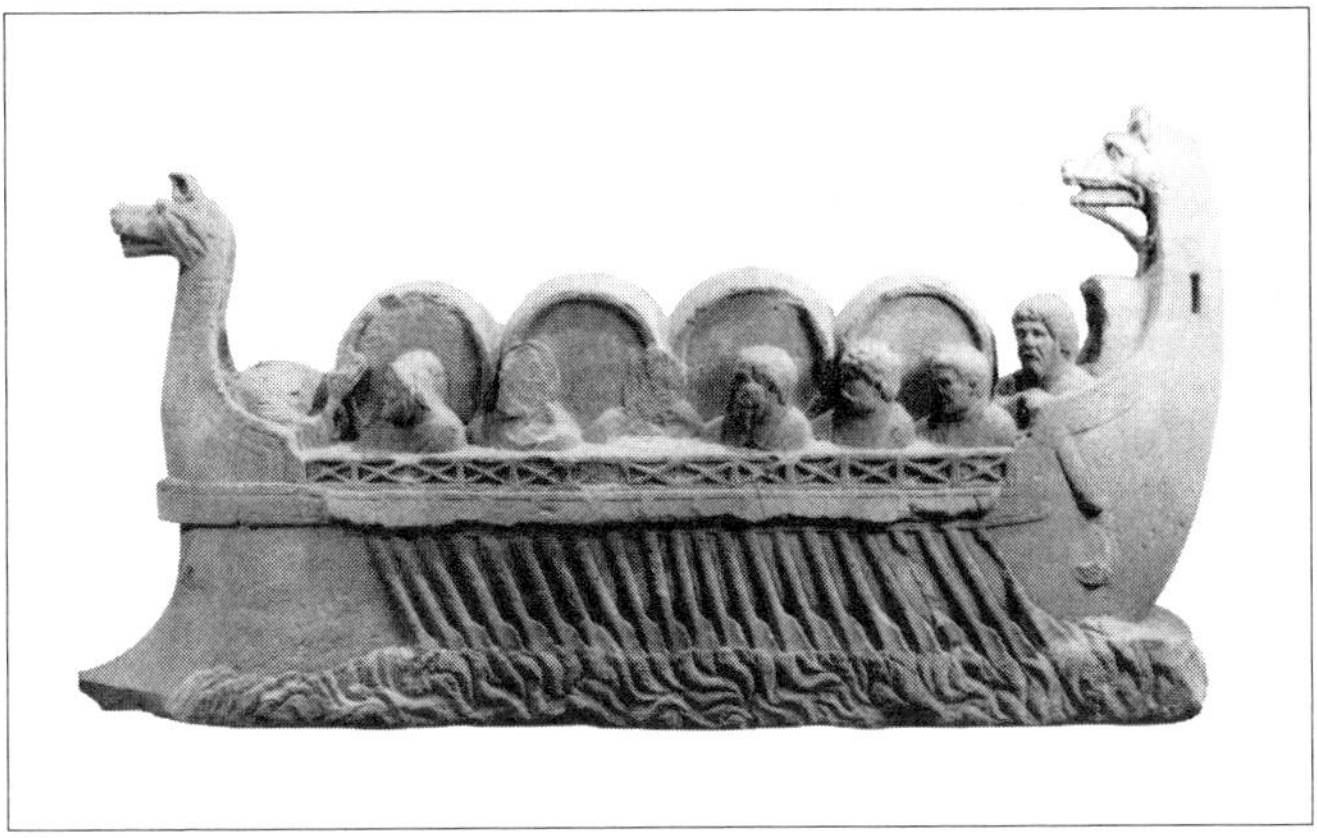

モーゼル河のワイン運搬船
300年頃、ノイマーゲン出土、トリーア、ラインラント州立博物館蔵

くねって二四五キロになっている特異な川で、四世紀にはこの上流河畔の丘陵の南斜面にぶどう畑がひろがっていた。だからモーゼル地方のワイン関係者は、モーゼル地方こそドイツワイン発祥の地と自負している。ところがその頃にはライン河流域の現ラインファルツやラインヘッセン⑸でもぶどう畑が開墾されていたのである。その証拠の痕跡は少なくなく、ローマ軍団の軍用路がもとになっている古くからの街道を、観光向けにドイツワイン街道と名づけているラインファルツには、ドイツ最古の畑を自慢にしている村もある。しかしローマ帝国の末期のゲルマン人の大移動の時期に、すっかり荒らされ、いったんは消滅している。いずれにしてもドイツワインの歴史が本格的にはじまるのはフランク王国時代からだろう。

カール大帝の修道院およびぶどう農夫優遇策

アルプスを水源とするライン河は、スイスとドイツの国境をなすボーデン湖に入り、この湖の西端から大きな河になってまずスイス国境内を西に向かい、スイス、フランス、ドイツとの国境の町バーゼルから北上を始め、マインツ辺りでふたたび西北へ方向転換して河幅をさらにひろめるが、この辺りの右岸域のラインガウ[6]は、俗にドイツワインの心臓部と呼ばれている。カール大帝が対岸のインゲルハイムに滞在していた年の春先、このラインガウ丘陵の雪どけの早い部分に目をとめ、ぶどう畑の開発をすすめたというエピソードがある。これは大帝を美化した話で、実際は大帝自身がこの丘陵一帯のみならず、インゲルハイム側でラインに合流するナーエ河の流域地帯のローマ時代からの畑跡地なども私有化（現代風にいえば国有化）したのである。そうして近くのロルシュやフランクフルトの北のフルダのベネディクト会修道院[7]、およびマインツ大司教などに配分している。[8] マインツ大司教は、ラインガウ丘陵の所領地をビショッフスベルク（司教山）と名づけたものであった。セーヌ河畔に植栽されていた品種の苗木が大帝時代にラインガウに移植されたという説もあるが、推測の域はでない。

カール大帝は戦いにあけくれ、広大な領土の巡察のため首都には長くとどまれず、各地の司教座都市や修道院などに滞在することのほうが多かった。修道院はしたがって彼の出城という重要な機能も担ったのである。反乱にそなえるため、場合によっては修道士たちも武器を携帯したものであった。大帝は修道院を政治的、軍事的に活用したのみならず、司教座都市の司教には州知事、県知事のような行政権を与え、帝国最高会議にも大司教や修道院長を加えた。彼らの権威を統治に利用したのである。かつてコンスタンティヌス大帝はキリスト教の組織力をたのんでローマ帝国をたてなおそうとしたが、カール大帝はローマ・カトリックを新帝国の統治の土台にした。したがって、軍事力をもってキリスト教の布教の後ろ盾にもなった。ゲルマンの宗教伝統を固持して頑強に抵抗したザクセン人に対する七七二年の戦いなどでは、情け容赦なく婦女子まで惨殺しているが、狂信的情熱にかられたせいではない。統一の根幹を脅かすものの根は断つ、という現実的な冷厳な計算からであった。

カール大帝はそれほどワイン好きではなく、むしろビール党だったという言い伝えもあるが、ぶどう栽培を大いに奨励し、ぶどう農夫を税制面からも優遇したものであった。(9) 政治的打算からである。もともとフランク王国は、メロヴィング朝時代からぶどう農夫を穀物農夫や酪農農夫より優遇しており、六世紀に編纂された建国当時のサリ族の古法典(レクス・サリカ)に、すでにぶどう農夫の育成をねらう項目がもりこまれている。おそらくワインの大きな商業価値とは裏腹に、ぶどう栽培、ワイン醸造の苦労が大きかったからであろう。寒冷地に耐える改良品種とはいえ、北国の自然環境はぶどう栽培にもワイン醸造にも厳しい。天候が不順な年でなくても、晩秋に気温が零度近くまでさがれば、ぶどう原汁(マイシュ)を発酵させるのは苦労である。酵母菌は摂氏

中世のぶどう農夫たち
14世紀の写本、大英図書館蔵

一〇度以上なければ満足に働かないという生物学的知識はなくても、醸造にしかるべき温度の必要なことは経験に教えられていたから、場合によっては素裸になって男たちが発酵桶にとびこみ、体温で液をあたためながらかきまぜるというようなこともあった。ところが発酵がはじまると炭酸ガスが発生する。空気より密度の高いこのガスが発酵槽内にたまり、醸造中に窒息死することもまれでなかったにちがいない。日本でも昔は、酒の仕込み大樽のなかは、真空になると信じこまれていた。のぞき込むと息が詰まるからである。サリ族の古法典に、ぶどう農夫の事故死に対する補償金が定められていたというのも、ぶどう農夫の事故死亡率の高かったことを示唆している。カール大帝はメロヴィング朝のこうした政策を引きつぎながら、さらにワインの衛生面にも神経をとがらし、ぶどうを不潔な足で踏みつぶすことを禁じたり、醸造をおえたワインを獣の革袋にいれて貯蔵するなとかいった、細かい規則を定めたものであった。ぶどう汁には酵母菌だけではなく腐敗菌などもまじることが大いにある。だからワインを腐敗させて無駄にする割合を少しでも減らそうとしたのだろう。圧搾機[10]のない時代に、足で踏むなというのはきびしいが、それほどワインの商業価値が大切だったにちがいない。だから彼はぶどう農夫優遇策にも心をくだき、模範的な農夫たちには、ぶどう収穫後の三ヵ月間は免税の新酒を直接量り売りしてよいという特権の報奨を与えたりしている。農夫には、新酒の季節に樅か杉の枝束(シュトラウス)を軒先に出せるのが特権を得た目印[11]にもなった。

フランク王国時代、ぶどう栽培やワイン醸造の技術のいわば先導役をつとめたのは修道院であった。マイン河の貫流するフランケン地方[12]や、ライン上流地域のエルザス(現フランスのアルザス)からラインガウにいたる河畔地域には、ベネディクト会の修道院がつぎつぎと建てられ、ことにエルザス地方は乱立したといってよいほどであった。ワイン産業によって経済的に潤う見こみがあったからである。ラインやマインの河川流域地域に開拓の進められたぶどう畑の面積は、七世紀から九世紀にかけて百倍にもなるという激増ぶりであった。所領の農作物に対する十分の一の物税の取得権を得ていた司教たちにも、ワインほど換金に便利なものはなかったから、農村にぶどう栽培の技術者を送りこんだり、ぶどう農夫に自由民の権利を与えるといった政策をとったり、信仰心をくすぐるような手もつかいながらワインの生産向上に腐心したものである。

カール一世の息子ルートヴィヒ(仏名ルイ、七七八[在位八一四]―八四〇)もまた修道院長を政治顧問にしたりして、ことさらに聖職者の権威を恃んだ。おかげでシュトラスブルク（現ストラスブール）の大司教などは敬虔王から免税権を与えられ、エルザス地方にはワイン産業の基礎がいちはやく築かれていった。古代ローマ時代には対ゲルマン防衛線だったライン河がいまやヨーロッパの産業中心航路になった。フリース人（オランダ人の祖）が河をさかのぼって運送活動を展開し、ライン河をくだるワインはイングランドのみならず北欧、ロシアにまで運ばれて行くことになるのである。ぶどう栽培者にとって重要なのは、単に気象条件とか土壌だけではなかった。商業ワインにとって大切なのはむしろ、産地が河川流域か否かという地理的条件であった。

王国三分割とぶどう栽培地域争奪戦

ルートヴィヒ敬虔王の死後、長男ロタール（七九五―八五五）、次男ルートヴィヒ（八〇四―八七六）、三男シャルル（八二三―八七七）が権力闘争を始めたが、結局王国三分割という話になり、三人はまずブルグンド（ブルゴーニュ）の司教座都市マコンに顔をあわせ、ついでモーゼル河がライン河に合流する地点のコブレンツ、さらにはロートリンゲン（現ロレーヌ）のヴェルダンで諸侯や修道院長、司教も加って協議をかさねた結果、ライン河以東の東フランクは次男ルートヴィヒ、大西洋沿岸より現ベルギーを流れるムーズ河までの西フランクは三男シャルル禿頭王、そうして長男ロタールは帝位とアーヘンからエルザス・ロートリンゲン、ブルグンドをへてプロヴァンスおよびイタリア北部までの中央フランクということで決着がついた。この三分割は一般の歴史書などでは、長男が、結託した次男と三男にしてやられたというように記述されている。たしかに地形からすれば、東西からはさみうちされ、国土として不利な妙に細長い形に長男が甘んじたかのように見える。が、じつはロタールはかけがえのない経済圏を押さえているのである。ぶどう栽培地帯を擁する河川流域という、二十世紀なら油田地帯でも意味するような領土を獲得したのである。割りを食ったと思ったのは、後妻の息子の若禿シャルルの方であった。だが徳川家康のような性格であったシャルルは長兄が死ぬのを待ち、その帝位継承者の息子ルートヴィヒ二世(八七五年没)も夭逝したとみるや、いちはやく時の教皇にとり入って皇帝の冠を約束させると、中央フランク王国のいわば中枢部であったエルザス・ロートリンゲンを狙って軍を出動させた。だしぬかれて次男ルートヴィヒは憤慨したが、その激怒が病身にこたえ、出陣準備中に急逝してしまった。すると禿頭王はエルザス・ロートリンゲンのみならずアーヘンも奪いとり、ケルンをあらたな軍事拠点にして、ライン河畔へ軍を動かした。しかし病死したルートヴィヒの三人の息子たちが連合軍を組んで反撃し、禿頭王の野望を打ち砕いた。ところが今度は、東フランク王国が三人の息子の権力闘争の場となるが、結局は長男カールマンの息子アルヌルフが八八七年に王位についてひとまずおさまる。アルヌルフは特にライン河流域地方の統治を重視して、ブルグンドおよびエルザスに息子二人を分王として配置した。が、まもなく東カロリング王家の血筋は絶えて、フランケン公コンラート（在位九一一〜一八）が代わって王位についた。するとこれに、カロリング王家と何らかの関係をもっていたロートリンゲン諸侯が不満を唱え、東フランク王国からの離脱をはかった。この動きに乗じた西フランク国王のシャルル単純王は、好機到来とケルン、アーヘン、トリーアをふくむモーゼルおよびライン河左岸地方を西フランク王国に併合したものであったが、台頭いちじるしいザクセン族のハインリヒ一世が東フランクの王位につくや、西フランク王に併合された地域をすべて奪還する。この王の息子がローマ教皇から九六二年に神聖ローマ皇帝の冠を戴冠した、ドイツ史に有名なオットー大帝（在位九三六―七三）である。

オットー大帝は出身地のザクセンのみならずマイン河畔のフランケンおよびライン河畔地方を国王直轄地域とさだめ、弟ブルーノにケルン大司教兼ロートリンゲン大公の地位を与え、ブルグンド（ブルゴーニュ）も併合したものであった。修道院や教会へぶどう畑を寄進するという、いわば宗教行事的な政策も、もちろんないがしろにはしなかった。たとえば九六六年に、カロリング朝時代より王家の直轄所領であったモーゼル河上流の歴史的な銘醸畑を、ベネディクト会の聖マクシミリアン修道院に寄進している。

東西フランク王国の支配者たちがこれほどライン河、モーゼル河流域やエルザス・ロートリンゲンの領有に躍起になったのは、ライン河という産業の大動脈に加え、ワインの利権は何としてもわがものにしたかったからにちがいない。ライン河上流河畔のエルザスは神聖ローマ帝国の重

ヨハニスベルク城
19世紀のワインのラベル

要な政治経済上の十字路としての歴史を歩むことになる。[14] シュトラスブルクに集まる商人たちは、ワイン以外にも隣接するロートリンゲンの鉱物資源や岩塩も船に積んでライン河をくだり、イギリスや北海沿岸地帯へ運んだのみならず、スイスや北イタリアにも交易活動の網を広げたものであった。

司教山と名づけられていたマインツ大司教のラインガウ丘陵の所領に一一三〇年、聖ヨハネ教会が建立され、ベネディクト会の修道院が布設されてからはヨハニスベルクと呼ばれるようになり、現代では地名にもなっているが、ラインガウ進出に、シトー会も負けてはいなかった。一一三六年クレルヴォーのベルナールによってクロ・ド・ヴージョから派遣されてきた修道士たちが、ヨハニスベルク

エーバーバッハ修道院
聖堂（上）と、ぶどう圧搾機のならぶ旧食堂

より奥まったところに土地を得て、エーバーバッハ修道院を開設し、ぶどう畑の開拓に情熱を傾けたものである。エーバーバッハ修道院はそれから三〇年の間にバーデン、エルザス、シュヴァーベン地方からケルンにいたるライン河畔地域に、十二もの分院を増やすという精励ぶりであったが、エーバーバッハ修道院のシュタインベルク畑から産するワインは、まもなく品質の高さで評判になった。またエルザス、ラインガウなどの修道院はライン河通行税免除の特権も得て、十二、三世紀には経済的に大いに繁栄している。十二世紀のエーバーバッハ修道院の醸造所はヨーロッパ最大級のものになっていたという。シトー会の修道士たちは、ブルゴーニュワインだけではなくラインワインのテロワールの土台も築いたわけである。ちなみに中世初期よりラインワイン（レーニッシュワイン）の最大の顧客はイギリス人であった。[15]

河川流域の商業ワインと都市形成

ワインの生産される河川流域には商人が集まった。かつてローマ軍団が駐屯し、多くの軍人、兵士、軍属およびその家族が暮らしていたライン河畔のコロニア・アグリッピネンシス（現ケルン）、モグンティアクム（現マインツ）、アルゲントラトゥム（現ストラスブール）といった都市には、ガロ・ローマ時代から商人たちが出入りしたり滞在したりしていたから、いわば下地のようなものができていたが、こうした商人たちの居住地区はラテン語でヴィクス（村）と呼ばれた。彼らはライン、マイン、モーゼル河流域のみならず、その支流地域にもヴィクスの形成をひろげていった。海賊、山賊、強盗、追剝などの横行していた時代である。商売上の目算だけではなく、身の安全をはかるという生活上の必要から保護を求めて集まってくる行商人たちに、諸侯、大司教たちも最初はいい顔を見せていた。多額の税金をあてにしたからである。こうして商品の集積地、商人たちのしばしの滞留地という性格の強かったヴィクスから、経済活動そのものの本拠地へと発展する都市が生まれてきた。もっとも中世都市の形成は、ローマ時代からの古い歴史のある地域にかぎっていたわけではないし、また商人もワインだけを扱っていたのではないが、中世を通じて最も重要な生活必需品が穀物や塩だとすれば、贅沢品が羊毛などであり、ワインはこの両方にまたがっていたのである。修道院や司教座都市にとって政治的に重要な聖俗の賓客を上等のワインでもてなせないことは、沽券にかかわることであったように、貴族階級にとっても、高級ワインを購入することは贅沢というよりステイタスにかかわる事柄であった。この意味でワインは彼らの生活必需品でもあったといえるだろう。一般庶民にとっても、コーヒー、紅茶、ホップ入りのビールといったライバルが出現するまでの時代は、ワインが唯一の飲料であった。口にできるのは安ワインであっても、とにかくワインを求めた。したがってワインは作れば売れたのである。ライン河を運ばれてきたワインがイギリスに輸出され、羊毛になって帰ってくるという交易により、物流拠点となったフランドル地方からは、ワインや毛織物を扱う豪商が輩出したものであった。

十三世紀には都市の数が急増し、富裕な商人は新興市貴族となり、なかには小作農地を広く所有する大地主もいて、市参事会員に選ばれて政治にも加わるようになる。都市住民のワインの需要も年々増していった。北国では天候不順な年の糖分不足のぶどうのワインは水っぽく酸っぱいから、蜂蜜やハーブを入れて飲むということもめずらしくなかったようである。ところが安ワインにまぜ物をして上質ワインのように偽装し、金もうけをたくらむ商人たちも横行するようになる。玉石混淆のワインを大量に産出し、ワイン産業にわきかえっていたエルザスなどの実態はことさらにひどく、十四世紀にはワインの品質検査を行なう行政当局や民間の監視活動が制度化されるにいたっているが、ミュンヘンなどでも、市参事会のワイン鑑定係が輸入ワインの質の検査に市場に出向いたものであった。このような監視制度は、畑や地方に関係なく生産ワインの品質を毎年公的に検査し、保証する現ドイツの品質統制のいわば先駆をなすものといってよいかもしれない。

都市形成の過程は必ずしも平和的なものではなかった。支配者と商人組織、職人組合との間でさまざまな葛藤が生じ、抗争がくり返された。都市を徴税源とみなす領主の強権や、時代に遅れをとった伝統貴族のねたみに対抗するため、裕福な都市商人たちは連合を組む戦術をとることになる。代表例がハンザ同盟(16)、ライン同盟、シュヴァーベン同盟などであった。なかでも規模の大きかったのが十三世紀にリューベック市主導で結成されたドイツ・ハンザである。十四世紀の絶頂期のハンザ商船団の活動領域は、単にバルト海やイギリス、フランドル間だけではなかった。フランス、ポルトガルを経て地中海にまで船足をのばしている。おかげでハンザ同盟諸都市の市場にはボルドーに加え、一部地中海世界のワインも出まわることになり、北ドイツの富裕層のほうが、南のぶどう栽培地域の住民より、はるかにバラエティーに富むワインの味をおぼえたことであろう。ライン同盟もやはり十三世紀の半ばに結成されている。神聖ローマ皇帝のイタリア支配という幻想にとりつかれていたホーエンシュタウフェン王家が崩壊した後[17]、皇帝不在の空位時代(一二五六―七三)がしばらく続いた。この政治的混乱状況を、自分の政治権力の強化あるいは支配領土の拡大の機会とみなしたライン河流域地方の諸侯が、戦費調達の手段として、河のあちこちに勝手に関所を新設し、通行税をとりたてようとするのに対抗して、マインツ、ヴォルムス、オッペンハイムなどの都市商人が結成した同盟である。通行税によるライン河の交易妨害から都市の利益をまもるためであった[18]。この同盟にはまもなくライン、マイン河流域から北海にいたるまでの六〇余の都市が加わり、資金力にものをいわせて傭兵をつのり、軍事力をもそなえた政治的圧力団体にまで発展している。ケルンのような自由都市は市場権、関税徴収権も獲得して、ライン河を航行する商品の売買をケルンの商人が取りしきったものであった。

ライン河のワイン運搬船
それぞれの樽に持ち主を示す目印が記されている
1582年、チューリヒ、スイス国立博物館蔵

ワイン王国のドイツ

十四世紀に入るとヨーロッパ大陸は一時寒冷化し、しかも世紀中葉にドイツにもペストが蔓延した[19]ため、北国のワイン産業は深刻な打撃をこうむったが、この不幸は修道院や教会に貧民や病人の救済といった本来の社会慈善活動の原点を強く再認識させるきっかけにもなっている。もっとも慈善活動への関心は、財をなした一部富裕市民層にもすでに見られるようになっていた。有名な例がフランケン地方の中心都市ヴュルツブルクの富裕市民ヨハン・フォン・シュテーレンが一三一九年に設立した市民施療院（ビュルガーシュピタール）である。郊外のシュタイン村のぶどう畑のぶどうから醸造される高品質ワインが活動の豊かな財源であったが、やがてフランケン地方の畑の所有者たちがまねて、自分たちの産出品にもシュタインワインと銘打つほど、シュタイン村のワインは市場で高値を呼んでいたのである。[20]

十五世紀後半、ヨーロッパ大陸の気象は一転してふたたび温暖化の時代に入った。この気象状態は十六世紀はじめまでつづき、ドイツのぶどう栽培面積は増加の一途をたどり、この時代に史上最大限に達している。畑の面積の拡大には、すでにガロ・ローマ時代から知られていた挿し木、取り木の方法が手っとり早かった。親木の枝を枝元のふくらみもつけたまま切り取り、土中に埋めるのが挿し木だが、取り木は枝先をおりまげて土中に埋め、根が出てきたのを見はからって切り離すのである。いまでは、ドイツのどこを旅行してもイタリアのようにぶどう畑が目に入る、

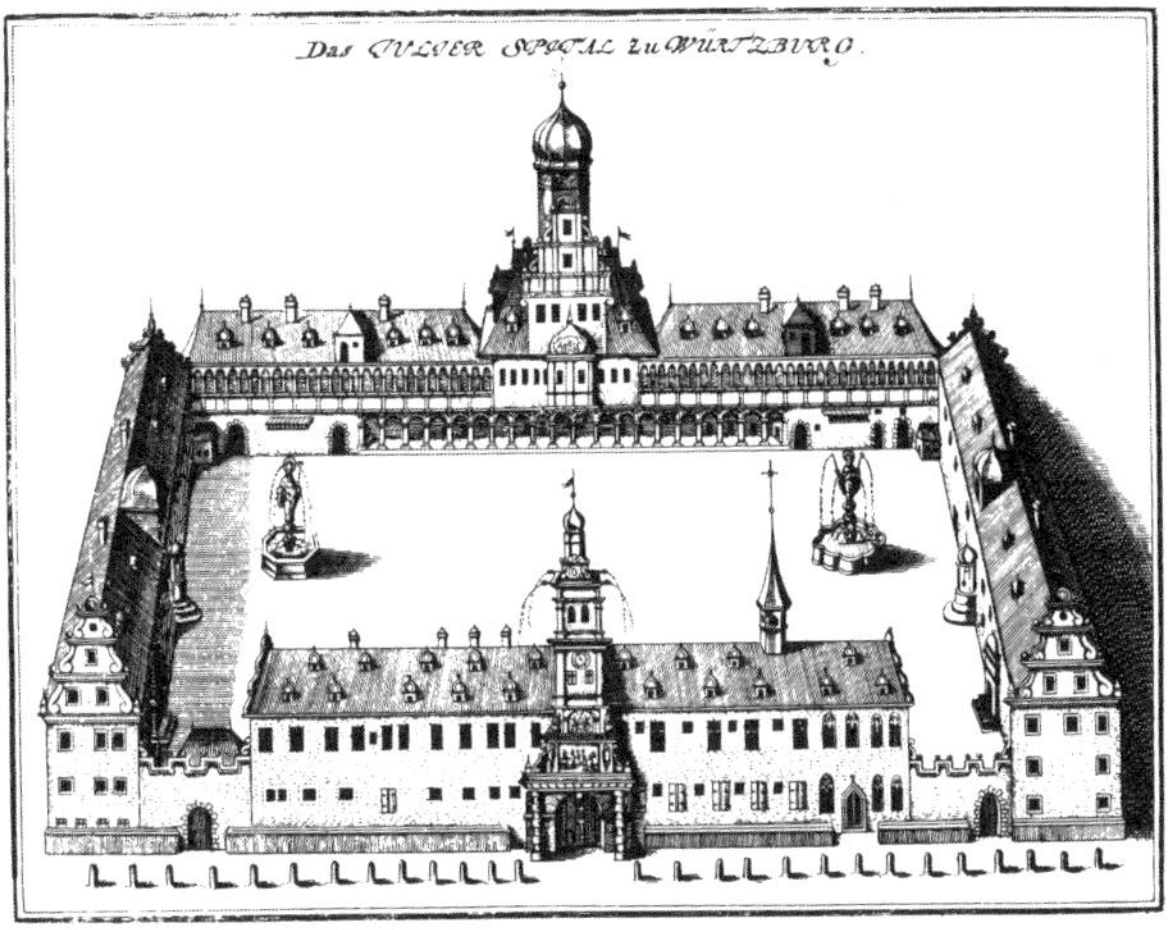

創設当時のユリウス施療院
16世紀の銅版画

などということはとても想像できないが、当時はドレスデンの町を貫流するエルベ河の河畔のみならず、この河が北海に注ぐ河口近くのハンブルク周辺やベルリンの郊外にいたるまで、ぶどう畑がひろがっていたのである。こうしたなかでもフランケン地方の四万ヘクタールは、ドイツ最大の栽培面積を誇るものであった。ヴュルツブルクの周囲の広大なぶどう畑を領有していた領主司教は、代々贅を享受していたにちがいないが、[21]一五七九年、大司教ユリウス・エヒター・フォン・メスペルブルンが、ビュルガーシュピタール（市民施療院）の向こうをはって設立した大がかりなユリウス・シュピタール（ユリウス施療院）は、現ヴュルツブルク大学医学部の前身をなすだけの本格的な医療施設をそなえた病院であった。

自国産、輸入品をあわせ、当時ドイツの年間一人当たりワイン消費量は一二〇リットルだったという。これがもし正確な数字なら、現代のフランス人も顔負けの消費量である。[22] もちろんすべて良質のワインというわけではなく、ときには酢を水でうすめたようなワインを食事の際の水がわりにしていたかもしれないが、良質ワインに関しても十六世紀初めのドイツは、ヨーロッパ北方の最大の生産地であった。まさにワイン王国である。イギリスは中世初期からレーニッシュワイン（ラインワイン）を輸入していたが、百年戦争でボルドー地方を失って以後、イギリス人はあらためてドイツワインの最大の顧客となっていた。

三十年戦争によるワイン王国の幕引き

いつの世も好い事は長続きしないものである。一六一八年に始まった三十年戦争によって、ワイン王国ドイツの歴史の幕が引かれることになった。神聖ローマ帝国のハプスブルク王家[23]によるベーメン地方のプロテスタント弾圧が直接のきっかけとなったこの戦争は、当初こそ表向きは宗教戦争の色合を見せていたが、根底にあったのはブルグンド（ブルゴーニュ）、エルザス・ロートリンゲン（アルザス・ロレーヌ）、ネーデルランドにまで支配地域をひろげていた神聖ローマ帝国のオーストリア・ハプスブルク王家に対するフランス・ブルボン王家の激しい敵対意識であった。だからフランスは、国内のプロテスタントは弾圧追放する同じカトリック国でありながら、ルイ十三世（在位一六一〇—四三）の宰相リシュリューは対外的にはプロテスタント同盟の推進役になるという老獪な政策を遂行したものである。この戦争の主戦場となったドイツ国土の惨禍については多くの著書や報告があるので省略するが、とくにライン河流域地方、マイン河畔のフランケン、バイエルン地方などは徹底的に蹂躙されて、ぶどう畑は完全に荒廃してしまい、ワイン産業は壊滅状態となったのである。

エルザスあるいはアルザスの悲劇

とくに悲惨な目にあったのがエルザス地方であった。エルザスは当然ながら神聖ローマ帝国領として「神聖連盟」側にあったが、シュトラスブルクなどの自由都市はプロテスタント側の同盟に加わったために、戦争初期には敗走した同盟軍側の傭兵がエルザスに逃げこんで、そこいら中を荒らしまわった。これが、宗教も敵味方もほんとうは関係のない戦争無頼たちによるエルザス蹂躙の始まりで、とどめはスウェーデン軍傭兵たちの破壊、掠奪、放火、殺戮の蛮行であった。フランスの資金援助を得て怒濤のように南下してきたスウェーデン軍は、まずラインガウの丘陵を占拠してヨハニスベルクやエーバーバッハの修道院の貯蔵ワインを飲み尽くし、さらにバイエルン、エルザスへと南下してきた。遅ればせのヴァイキングたちはワインに有頂天になったかもしれない。三十年戦争が終わってもエルザスの悲劇は終わらなかった。一六四八年のヴェストファリア条約によりロートリンゲンとともにフランスに併合されたため、住民たちは今度は権勢欲の塊のようなルイ十四世（在位一六四三—一七一五）の強圧的フランス同化政策に苦しまねばならなかった。エルザス奪回の望みをすてていなかった神聖ローマ皇帝に一縷の希望を託して、住民たちは抵抗運動もこころみたりしたがむなしく、一六八一年に正式にフランス王国のアルザス州と定められ、その結果ライン河という交易路や北方の市場から閉めだされることとなってしまったのである。かつては右岸のバーデン地方とともに年間百万リットルものワインを北方の市場へ輸出していた繁栄をとりもどすことは、もはや不可能となった。しかもアルザスワインなど受け入れようとしないフランスの他地域に、市場

ワイン貯蔵用の大樽
18世紀初頭、ストラスブール、アルザス博物館

を新たに求めることもままならず、ぶとう栽培面積も激減したまま、アルザスは平凡なワインが地元にでまわる程度の地域になりさがったのである。

ドイツワインの質への転換期

ドイツ全域のぶどう栽培面積も三十年戦争後は三分の一以下に激減した。ザクセン地方のわずかな例外をのぞけば、ライン、マイン、モーゼル河およびこれらの支流域といった現代のぶどう栽培地域以外にぶどう畑が復活した地域はない。りんご栽培に転じたところもあるが、平地はほとんどが穀物畑にかわった。ワインを作ればもうかるという時代も、またもう終わりが見えていたからでもあろう。コーヒー、カカオ、紅茶などがライバルとして登場し、ホップが見いだされ醸造技術も向上したビールもワインに対抗できるまでになっていた。一六七九年にイギリス人がハンブルクにコーヒーハウスを開店したのを皮切りに、ドイツでも各地にコーヒーハウスが出現するようになっていた。バッハ（一六八五―一七五〇）に『コーヒー・カンタータ』という有名な世俗カンタータがある。結婚をすすめる父親に、「一日三回コーヒーを飲めなかったら死んでしまう。コーヒーはキス千回よりすてき。ミュスカデワインよりすてきだわ。わたしはコーヒーなしではいられない。コーヒーを飲ましてくれない男となんか結婚しません」とコーヒーの魅力に取りつかれた娘がだだをこねる筋書きであるが、ワインが飲み物としてコーヒーに圧倒されるほど、ドイツ人がコーヒーのとりこになっていった世情を反映している愉快なカンタータである。

　ワインはいまや質と個性に新たな道を求めなくてはならなくなった。いまはドイツの白ワインというと品種はリースリングというほど、リースリング種はドイツワインの代表的な品種になっている。この品種がどのようにつくり出されたものなのか、記録がないのでわからないが、ライン渓谷に太古より原生していたヴィティス・トイトニカを祖先とする野生種と移入品種との交配種だろうと推測されたりしている。いずれにしても試行錯誤が重ねられた結果であろう。この品種は穀物のとれない粘板岩質のやせた土地のほうがむしろあっているともいわれてきたが、晩生の品種で、弱い北国の陽光のもとでは実の熟すまでに時間がかかり、そのうえ粒が小さく収穫量も少ない。栽培に手のかかる品種である。酸度が高いので天候不順な年には、上質ワインでもこれまでかなり酸っぱいことがあった。(25) こういう品種がなぜ代表的なのかというと、充分に成熟させた実からうまく醸造した場合には、特有の酸味と甘味が絶妙に調和していて、しかも独特の芳香をもった余韻の快い芳醇な高級ワインを生むからである。リースリング種の高級ワインは香だけでも、それとすぐわかり、ソムリエでなくても、一口で他国の白ワイン、たとえばブルゴーニュのシャルドネ、ボルドーのソーヴィニヨン・ブランとセミヨンの混醸、イタリアのヴェルディッキオ(26)などの白ワインのどれと飲み比べてもまちがいなく区別がつくほど個性的である。もちろん同じドイツ内でも、地域によってリースリング・ワインの性格は微妙に異なるが、それでもドイツ以外の国の白ワインとの区別はすぐわかるドイツ特有のワインである。

しかしいま言ったようにリースリング種にはことさら夏の日照時間の長さが重要なのである。修道士に特別な思いをいだいていた詩人リルケ（一八七五―一九二六）の『秋の日』と題する詩は、ぶどうを育む北国の修道士の心境を代弁しているように思える。

主よ　時です　夏はまことに偉大でした
あなたの影を日時計のうえにのばし
さわやかな風を野に放ってください
最後のぶどうの実に　豊かになれと命じてください
せめてもう二日　南国の日ざしを　おめぐみください
これらの実の成熟をうながし
最後の甘味を送りこみ　深みあるワインにしてください

マインツの聖クララ修道院では一六七二年に、ラインガウの所領畑の赤の品種をリースリング種にかえる決定をくだした。ラインファルツの司教座都市シュパイアーの大司教も、ダイデスハイム村の領有地の畑すべてにリースリング種を植栽させ、かつてオットー大帝の寄進をうけたモーゼルのベネディクト会聖マクシミリアン修道院も、リースリング栽培一辺倒にきりかえている。モーゼル地方ではローマ時代から酸度のきついエルプリング（Elbling）が植栽されていたが、全体的に普及していたのは、ドナウ河下流地域からオーストリアを経て移植された多産の品種ジルヴァーナー種であった。税金をとられる小作農からすれば、品質は劣ってもできるだけ栽培の苦労が少なく、収穫量の多いもののほうがありがたい。一七八七年にトリーアの領主がモーゼルワインはリースリング種に限るという指令をだしても、農民たちはリースリングに変えようとはしなかった。ちょうどガメ種を駆逐してピノ・ノワールを守ろうとしたブルゴーニュ大公の時代に似たような現象がドイツでも生じていたのである。ともあれ十八世紀中頃のイギリスでは、ラインガウの銘醸畑の甘口ワインが、花の香を思わせるデリケートな最高級ワインという評判をとるにいたっていた。(27)

若い頃はラインワインをしたたか飲み、晩年はフランケンワインをひいきにしたというゲーテ（一七四九―一八三二）のワイン好きは有名であるが、彼のワイン通ぶりは戯曲『ファウスト』一部で、メフィストフェレスがライプツィヒの酒場の飲み助たちを挑発する場面にもよく出ている。「きみたちのワイン（ザクセン・ワイン）がせめてもうちっとましなら、自由を謳歌することもできようがね」とメフィストは連中を挑発し、自分たちは「ワインと歌のすばらしいスペイン」から来た者だなどと偽って、それぞれ好みのワインを所望させ、ラインワインを「祖国の極上の贈り物」とほめた男には、その望み通りの栓をぬき、「すっぱいワインはもうけっこう、甘いのがほしい」という男には、ハンガリーのトカイワイン[28]をすすめる。なかには「まともなドイツ男はフランス人とは馬があわんが、ワインは歓迎」と、フランスワインを求める者もいるが、当時のドイツで歓迎されたフランスワインといえば、ブルゴーニュ産を意味していた。ブルゴーニュという名が上質赤ワインの意味[29]であった。

ちょうどこのゲーテの頃である。ラインガウのヨハニスベルクでは、すでに三十年戦争後、修道院の建物も荒廃したぶどう畑も売却され、これを買い取ったフルダの領主司教がバロック様式の城館に改築し、畑は農夫たちに貸し与えて、ぶどう栽培の復旧につとめてきたのであったが、一七七五年の秋、この領主から畑のぶどう摘み取り許可証を受け取るために送りだされた青年が、その許可証を手にした帰途強盗にあい、一命はとりとめたものの帰着が遅れた。その間に過熟したぶどうの実が落果したり腐り始めたりしていたので、農夫たちはもはや売り物にならないとあきらめた実を、しかし廃棄するのはもったいないので、自家用に醸造したところ、これまでになく見事なワインになったという。以後、ドイツのぶどう農夫たちは意識的に遅摘みを試みるようになった。もちろんこれは一か八かの冒険でもある。一週間収穫を延ばしたために、その週の氷雨ですべて台無しになるかもしれないという大きな賭けにでなければならない。摘み時期をどう判断するかで生じる悲喜劇は、ドイツに限らずフランスでも起きることであるが、ヨハニスベルクの畑のこの事件は、シュペートレーゼ（Spätlese 遅摘み）という上質ワインの肩書名を生むことになった。

ナポレオンの介入

フランス革命は、自国のワイン文化に及ぼしたような影響をドイツには与えていない。与えたのはナポレオン・ボナパルト（一七六九―一八二一）であった。ナポレオンによって神聖ローマ帝国に終止符が打たれ、修道院もかなりが解体されている。ヨーロッパ大陸遠征を開始したナポレオンがまず陣取ったのもラインガウの城館ヨハニスベルクであった。エーバーバッハ修道院の修道士たちも追い払い、モーゼル地方の司教や修道院の所有していた豊かな葡萄畑もすべて競買に付すよう命じている。こうしてエーバーバッハ修道院の所領はナッサウ伯の手に移り、モーゼル地方では銘醸畑を手中にしたシューベルト家のようなブルジョアが輩出することになるが、ナポレオンはまた、オーストリア帝国に対抗するためにライン右岸地域のドイツ領邦国家群にも同盟を形成させ、フランスの管轄下においたものであった。

しかしこのナポレオンが失脚すると、旧体制復古に辣腕をふるったオーストリア宰相メッテルニヒ（一七七三―一八五九）が、逆にライン左岸地域もフランスに放棄させることに成功し、自らは功労に対する報奨としてオーストリア皇帝より、ヨハニスベルクの城館を与えられた。メッテルニヒはライン河畔のコブレンツ出身であり、ワインの商業価値をよく心得ていた。この城の領主になると、ぶどう栽培技師でもあるフルダ修道院出身の神父を栽培、醸造の責任者にして、ワイン販売の方は銀行家一族のロートシルト（ロスチャイルド）と提携し、さらに自領産のワインに等級づけをさせ、ラベルにはケラー主任に責任者としてサインをさせたものである。この近代的な商法はドイツワインの格付けに道筋をつけるものとなった。[30]

ライン左岸地方をすべて失う結果になったフランスに、ここの奪取をもう一度こころみる男が現われた。ナポレオンの甥のナポレオン三世（在位一八五二―七〇）である。しかし虚栄心は強いが時代の政情変化の認識の甘かったこの男は、プロイセンが国防軍をコブレンツを拠点にライン河畔に駐留させ、対仏戦争のきっかけを待ち受けていたとも知らずに開戦し、あっというまにロレーヌ（ロートリンゲン）の中心都市メッスに追いつめられて白旗をあげ、あげくにパリまで危うくして亡命、逆にアルザス＝ロレーヌもドイツ領エルザス＝ロートリンゲンにもどす結果にしてしまったのである。プロイセン政権はこの地方の住民に久しぶりの再会気分で対応しようとしたが、この頃のロレーヌはもうフランス化していた。一方住民の大半がドイツ語の方言しか話さないエルザスは、あらためラインワインの仲間入りをして、リースリング種のあらたな植栽を進めることになる。現代でもフランスで唯一アルザス地方だけはリースリング種が栽培され、ラベルの表示にも品種を明示するなど、ドイツ式を残している由縁である。[31]

マイン河畔のワイン取引所
1757年、F.W.ヒルト画、フランクフルト歴史博物館蔵

プロイセン帝国の政権はラインラントをプロイセンの州と制定し、反カトリック文化闘争をくりひろげた宰相ビスマルクは、修道院や司教所領のぶどう畑や醸造所を没収、プロイセン国営企業にかえていった。フランケン地方の銘醸畑を占有していたヴュルツブルクの大司教の醸造所やエーバーバッハの醸造所なども国営化され、ゲーテのいうラインの「祖国の極上の贈り物」は、いまやベルリン宮廷用のものとなった。もっともプロイセンがドイツを統一したといっても、現実にはドイツはなお多くの大小公国に分かれていたため、モーゼルなどは、プロイセン政権の関税政策(32)の線引にふりまわされ、恩恵を受けたり割りを食ったりしている。しかしこのとき、モーゼルのワイン産業は大変な教訓を得たことだろう。それはぶどうという果樹にとって深刻なのは、政治情勢よりは自然条件だという根本を忘れてはならないということである。プロイセンの関税政策のおかげもあって、好景気にわいてぶどうの栽培面積を増やし、経営を拡大し、膨張したワイン産業に、致命的な打撃を与えたのは関税線の変更ではない。何年もつづいた夏の天候不順であった。もともと酸度の高いリースリング種は未熟だと、ぶどうの実にリンゴ酸、酒石酸などが過度に残って、少なくとも当時はまだとても飲めるようなワインに仕上げることはできなかった。それにワインが唯一の飲み物であった中世とはもはや時代がちがった。天候不順の続いた数年間、できの悪いワインはまったく売り物にならず、農園経営者にはつぎつぎ破産する者が出た。新世界への移民を決意した農夫たちも少なくなかったという。

リースリング種は晩熟の品種であるため、ことさらに天候不順の影響を受けやすい。だからこの品種がもし早熟で、栽培に手がかからない強い品種であればと思うのは当然であろう。ドイツでは品種改良の試みが各地で進められていたが、一八七二年にラインガウのガンゼンハイムに創設されたぶどう栽培ワイン醸造研究所でも、スイス人のぶどう栽培技師ヘルマン・ミュラー＝トゥルガウが一八八二年、畑のちがうさまざまなリースリング種の交配を試み、何十種類もの改良種の苗木を育成したものであった。そうしてそのなかから有望品種として誕生したのが彼の名をとったミュラー・トゥルガウ種(33)である。ドイツの気候風土により適応能力があり、しかも早熟性のため気象変化に打撃を受けることがより少なく、実も大きい多産の改良種であった。モーゼル、ラインガウにはたちまちこの品種への植えかえがひろがってゆき、現代ではついにリースリング種の栽培面積をうわまわるまでにいたっている。しかしミュラー＝トゥルガウは、フランケン地方の土壌に順応したものがフランスの白ワインを思わせる辛口を生んでいるという唯一の例外をのぞいて、全体として完熟したリースリング種の味香にはとてもかなわず、単純でものたりない。一挙両得という言葉はワイン文化には通じないもののようである。

ドイツにもイギリスに遅れること八年の一八三五年には鉄道の歴史が始まっていた。最初は公国や王国が、河川に代わる交易手段としてそれぞれ別個に、商人たちの音頭とりで布設を始めていたが、やがてプロイセン政権が軍事目的で鉄道建設を強力に推し進めていった。一八四〇年モーゼル地方にも鉄道が開通し、トリーアからコブレンツまで輸送にかかる従来の二日が十時間に短縮されたため、十九世紀後半、モーゼルのワイン産業もまた息を吹き返したが、しかしこの時代のドイツのぶどう農夫たちには、ワイン産業を牛耳ってきた商人たちに、共同で対抗しようという気運がたかまり、組合の結成に動き始めた。その最初はモーゼルではなく、現代のドイツぶどう栽培地域では北限の北限、ケルンからほど遠くないあたりでライン河に注ぐアール河の流域の零細農家が団結し、一八六八年に結成したマイショスぶどう農夫組合であったが、以後各地に農業組合の醸造所が誕生し、プロイセン以来の国営（州営）醸造所の多いのとあわせ、これがドイツのワイン産業の特徴にもなっている。

ビール王国への移行に平行して

しかし十九世紀のドイツはすでに、いわゆるビール王国に変身していた。この変身に最も貢献したといってよいのがミュンヘンで歴史の最も古いシュパーテン＝フランシスカーナー醸造所[34]である。この醸造所の技師たちが、従来のイギリスのエールの常温の上面発酵とは異なり、冬に下面発酵[35]させて貯蔵できるビール生みだした。これがビールの寿命に革命的は変化をもたらしたのである。イギリス人は最初このビールをラガー・ビール（倉庫ビール）などと揶揄していたものだが、さらにドイツでは冷凍技師カール・フォン・リンデ（一八四二―一九三四）が一八七三年に冷却機を完成、下面発酵のビール醸造を年中可能にしてからは、ドイツはビール王国の名をイギリスから奪い取ることになった。だからドイツをビール王国と呼んでいいのは十九世紀も後半以後の話なのである。三十年戦争によるワイン王国終幕以後のドイツに育まれてきたワインに関する新しい意識を、ビールは加速させたといえるだろう。ドイツの新しいワイン文化を、じつはビールが後押ししたのかもしれない。それは、ワインというものは食事の際の水のように飲むものではなく、上質なものを、食後にも楽しむものという食文化意識である。第二次大戦後エルザスがまたフランスのアルザスにもどったこともふくめ、ドイツのぶどう栽培面積は激減し、いくらか復興した現在でも、その栽培面積は南アフリカよりも少なく、世界の一パーセントほどにすぎない。だからといってドイツ人がワインをビールに切りかえたわけではないのである。最近の統計が裏づけているように、ドイツ人の一人当り年間消費量二三リットルは、日本人の一〇倍以上だというのは別としても、ドイツのワインの輸入量はヨーロッパ諸国のなかで図抜けて多く(日本の輸入量の六倍以上)、しかも注目すべきは、消費全体量でいうと一人当り年間消費量五四リットル余のイタリア人にははるかに及ばなくても、上級ワインの消費量となると、逆にイタリア人の二倍近いということである。統計数値に現われている(36)この現実は、ドイツはビールという日本人の固定観念を変えさせるものであろう。

註

（1）ユトランド半島方面から突如ガリア地方へ南下してきて、一〇二年にローマ軍に殲滅された部族がいた。ローマ人はこの蛮族をテウトーネ（Teutone）と呼んでいたが、そのローマの滅亡後のフランク王国時代になって、このトイトニクス（teutonicus）を公式のラテン語に対するゲルマン語系の民衆語、俗語の意味に使用するようになり、十一世紀後半以降、ドイツ人（deutsch）やドイツの地名として一般化したのである。しかしこのテウトーネ（チュートン人）がはたしてゲルマン人だったか、あるいはケルト人であったのかは、さだかではない。

（2）三世紀頃にライン河右岸の中、下流域に居住していたサリ族、リプリア族他の諸部族がまとめてフランク（大胆）族と呼ばれているが、ライン河渡河後にサリ族の族長クローヴィスが諸部族をまとめてフランク王国を建設した。ちなみにドイツ語では現代でもフランスを、フランクライヒ（フランク王国）という。

（3）ローマ時代には温泉保養地として知られていたという。カール大帝が遷都した九三六年より一五三一年まで神聖ローマ皇帝の戴冠の地になったが、現在はノルトライン＝ヴェストファーレン州の西端に位置する地方都市。ベルギー、オランダとの国境に近く、近隣に観光地があるが、国際的には馬術競技関係で知られているくらいである。内部に王国時代の遺構が認められるアーヘン大聖堂は世界遺産。

（4）現ロレーヌ（ドイツ語名ロートリンゲン）はフランスの最北東部の地域。ベルギーおよびルクセンブルク、ドイツと国境をなし、モーゼル県など四つの県からなっている。中心都市はモーゼル県の県庁所在地のメッスやムルト・エ・モーゼル県の県都ナンシー。

（5）現ラインラント＝ファルツ州（州都マインツ）のライン左岸のビンゲン、マインツ、ヴォルムスをむすぶ地方をぶどう栽培地域のラインヘッセンと呼び、ヴォルムスから南のフランスのアルザスに接するまでの南部ぶどう栽培地域はラインファルツと呼んでいる。

（6） ガウ（Gau）は森林と水の豊かな地域を意味する古語。ラインガウの丘陵の上層は珪岩質に粘板岩や粘土のまじった土質、丘下の火山噴出物の風化した土と粘土のまじった土壌だという。ローマ時代のぶどう栽培やワイン醸造関係の出土品がある。ローマ帝国滅亡後のぶどう栽培最古の記録が七七二年というのは、カール大帝の治世下の栽培の始まりを示唆している。

（7） フルダ修道院の初代院長ボニファティウス（六八〇―七五五）は七四二年、ヴュルツブルクにライン河以東の最初の司教座を設立、さらにザクセン布教に備えるためフルダに修道院を開き、イングランドへのワイン貿易の先鞭もつけている。

（8） カール大帝の修道院への土地寄進はもちろんラインガウだけではない。ブルゴーニュでも七七五年頃にボーヌの北方のコルトンの白亜質の丘陵斜面の土地をソーリュー修道院に与えたり、一部は教会に寄進して、銘醸畑にコルトン・シャルルマーニュという名を残している。周囲のアロース・コルトン村は赤のピノ・ノワールの赤を産出しているのに、現在のコルトン・シャルルマーニュは、十九世紀フィロキセラ災害のあった後なぜか白のシャルドネ種の移植が行なわれ、ここだけ白を産出している。

（9） 例えばモーゼル河畔のベルンカステルやアルザス地方のリックエヴィルなどの農村には、いまもぶどう農夫が大司教や領主から保護を受け、封建社会のなかで特殊な地位をしめていた面影が認められる。聖職者、修道院をふくめ王侯貴族の支配下にある諸領地の農民には最大で二、三〇ヘクタールの自家農地（フーフェ［Hufe］）が割りあてられた。しかし無償で与えられたわけではなく、それだけの租税（賦課租税）を徴収され、同時に所領主の直轄地での賦役が義務づけられていた。

（10） 当時使用されていたものは簡単な踏み板だったかもしれない。ドイツ語でぶどう圧搾機はケルター

(Kelter)というが、古語や南ドイツ方言のトロッテ(Trotte)は、馬術用語のトロット(だく足)と同意語で、動詞のトロッテン(牛がのそのそ歩く)もトレーテン(人間が歩む、踏む)も、中世初期までさかのぼれば同じトロットンという動詞である。だからトロッテというのはぶどうの房の上に乗せて踏みつける板のことだったのかもしれない。

(11) 現代でもこのシュトラウスの風習が残っていて、オーストリアではウィーン郊外のドーナウ河畔の町などの居酒屋(シュトラウスヴィルトシャフト)では、秋に新ワインを飲ませる時期がくると、店先に松や杉の枝を束ねたもの(シュトラウス)を出す。シュヴァーベン地方では、新ワイン以前の、発酵し始めたばかりのぶどう汁「ズュースレ」を喫茶店などでも飲ませてくれる。ツヴィーベルクーヘンという玉ねぎパイというか玉ねぎのお好焼きのようなものを食べながら、その年の「ズュースレ」を飲むのはシュヴァーベンの秋の楽しみである。

(12) 現代は行政上はバイエルン州に統合されているが、ミュンヘンを中心にした南東部とは気風も文化風土も異なる。元はマイン河中流域に位置するヴュルツブルクを首都とするフランケン大公国であった。いまは、フランケンは主にぶどう栽培地域を指す名称として使用されている。

(13) フランク王国に併合されていたイタリア半島は北部だけで、ローマ帝国崩壊後の南部はイスラム勢力の支配下に入っていたが、このフランク王国も、三分割後の中央フランク帝国は、カロリング王家の断絶とともに消滅し、以後中世のイタリア半島は、ローマ教皇と神聖ローマ皇帝の争いにまきこまれ、この双方のどちらかについた都市がまたおかしく別れて争うという分裂の歴史をたどるため、イタリアのワインは各州それぞれの地方文化として、古代ローマの残照のなかで生きながらえるといったありさまになる。

(14) ライン河畔のエルザス地方は神聖ローマ皇帝が代々重要視したため、ぶどう品種もいろいろこの地へもちこまれている。それぞれいつどのように移入されたかは不明だが、たとえばゲヴュルツトラミナー

(Gewürztraminer)は南チロルのトラミーン村(現イタリア領テルメーノ村)の栽培種に由来する白の品種で、エルザスのみならず北隣りのラインファルツにも移植されている。Gewürz(スパイス)と呼ばれている通り、この品種からは絶妙な味香のワインが醸造される。ジルヴァーナー(Sylvaner)種はドーナウ河畔を経て伝えられたトランシルヴァニアの品種だという。こちらのほうはドイツの全ぶどう栽培地に普及し、第二次大戦後は最も栽培面積をひろげた時期もある。どのような土質でも同じように育ち、酸度が低くおだやかな味香で飲みやすく、多産でもあるからだろう。ただ辛口に仕上げられたものでも切れ味のない物足りさがある。ちなみにシュヴァーベンの地ワインの赤のトロリンガー種もチロルに由来する。ついでに述べておくと、ドイツの赤ワインのシュペートブルグンダー(Spätburgunder)は名前の示すとおり、ブルグンド(ブルゴーニュ)のピノ・ノワールがドイツに移植されたものである。フランク王国時代すでにピノ系の品種がクレーヴナー(Claevner)という名前でボーデン湖畔で栽培されていたが、ラインガウへはおそらくシトー会の修道士がもちこんだのが最初であろう。そうしてシトー会修道院の増加にともない、この品種も一時期ライン河畔地域に普及していったものと考えられる。現代は、ブルゴーニュに最も近いバーデン地方で、この移植種の栽培が最も多く行なわれている。木いちごの風味をもった穏やかな酸味の味わいだが、ピノ・ノワールのような深みはない。夏に軽い赤ワインを求める人にはよいだろう。ヴァイサーブルグンダー(ピー・ブラン系)は、もはやシャルドネ種とはまったくちがった、むしろドイツ特有といってよいデリケートで絶妙な辛口白ワインを生むにいたっている。

(15) いまはバーデン地方とともにバーデン=ヴュルテンベルク州に入っているが、註14でも述べたように、バーデン地方とはワインの性格が異なり、ぶどう栽培地域としては区別されている。もとはシュヴァーベン公国。ラインの支流ネッカー河畔のシュトゥットガルトが中心都市。シュトゥットガルトは近代的な工業都市だが、周辺には豊かなぶどう畑がひろがっている。シュヴァーベン出身の詩人ヘルダリーンは、シュトゥットガルトと題する詩に「遍歴の者たち（ワインの神ディオニュソス神の一行）も迎えられやってくる。葉冠をかぶり、歌いながら、ぶどうの房と葉に飾られた聖なる杖を携えて……」と、この地を遍歴するギリシアのワインの神を幻想したものであった。シュヴァーベン人は現代も一人当りワインの消費量がドイツで最も多い。

（16）ハンザとはハンスに由来し、ハンス仲間というほどの意味。北ドイツの商人たちは外地にでかけると仲間同士結託して行動したためハンス仲間と呼ばれ、自らもハンザと称するようになった。一一五九年、ハインリヒ・ライオン公によりバルト海貿易の拠点として建設された海港都市リューベックの貿易商たちがまず指導的な立場に立ったが、まもなくケルンやハンブルクの商人などと同盟を結び、ハンザ都市同盟へと発展した。主に塩漬けニシンや穀物、織物を南方に運び、南からはワイン東方から染色用のタール・ピッチを輸入したものであったが、フランドル地方のブリュージュは貿易品の離合集散場所として栄えに栄えた。

（17）シュヴァーベン大公シュタウフェン家系のコンラート三世が一一三八年ドイツ国王兼神聖ローマ皇帝に選出されてからというもの代々ローマ帝国幻想にとりつかれ、シチリアに手をのばしたりして、本国の方の統治がおるすになり、群雄割拠状態を招く結果になった。一二五四年にコンラート四世をもってシュタウフェン家はついに断絶、いわゆる「大空位時代」（一二五四―一二七三）となった。

（18）ライン河流域の多くの領主たちが、自領を通過する船に関税をかけ、利益をあげようとしたので、ワイン貿易にとって災いとなった。十四世紀のライン河には、六〇ヵ所もの税関が出現し、ワイン商人たちを悩ませたのである。この障害を最終的に取りのぞいたのは、鉄道の布設である。

（19）一三一五年にはじまった寒冷化と天候不順は数年間つづき、農作物は壊滅的な打撃を受け、飢饉による餓死、伝染病による病死が続出した。一三五〇年にドイツでもペストが蔓延し、一時下火になったかに見えたが、五六年にまた勢いをもりかえし、旧約の預言者イザヤの説いた神の怒りが想起され、神罰だとして鞭打ち遍歴が流行した。

(20) ビュルガーシュピタール（市民施療院）では、名称模倣への対抗処置として、古代に使用されていた雄山羊の睾丸の革袋をかたどった形に変えた緑色の瓶（ボックスボイテル）を「シュタインワイン」の目印にしたが、しかし特許制度のない時代だから、これまたたちまち模倣され、現代は、フランケンワインの上質ワインのみ、このボックスボイテルの使用が許可される制度となっている。

(21) 一五四〇年はドイツワインの伝説的な当り年だったという。二〇〇三年の猛烈な暑さに似た状態だったのだろう。この頃より醸造したワインを巨大な樽に貯蔵するのがフランケン地方をはじめとして習慣になった。多量に産出されるワインをいちいち小樽に積める作業が煩瑣になったのだろう。ヴュルツブルクの大司教のバロック城館の地下ワイン貯蔵庫や、ハイデルベルク城の貯蔵庫跡には、もう使われなくなった巨大樽が観光客の見せ物になっている。

(22) 十五世紀のドイツ人のワイン一人当り消費量は約一二〇リットルで、これが三十年戦争前には一五〇リットルにまでた

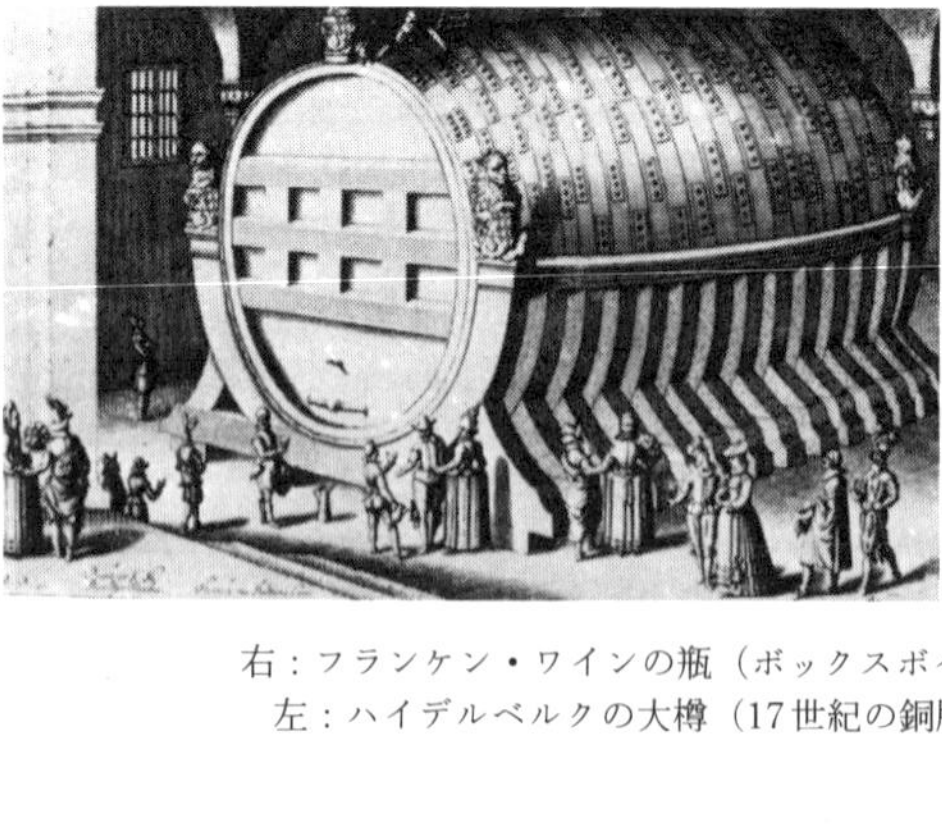

右：フランケン・ワインの瓶（ボックスボイテル）
左：ハイデルベルクの大樽（17世紀の銅版画）

っしていたというのは、いささか誇張にちがいないとしても、現代のドイツ人の全国平均一人当り消費量（一九九九年）が二三リットル、シュヴァーベン人でも年平均四〇リットル台だから、六倍以上になる。ちなみにフランス人は五八リットル、イタリア人が五四・二リットルである。一五〇リットルが嘘でないなら、驚嘆すべき数字である。

（23）家祖は、ライン河上流域を支配していた豪族。根城にしていた現スイス、アルガウ州のハプスブルク（鷹城）の名をとって一門の家名とした。「大空位時代」にのしあがり、一二三七年ルードルフ一世がドイツ王位について、空位時代に終止符を打った。一三五六年ハプスブルク家からはじめて神聖ローマ皇帝が選出されるが、一四五二年フリードリヒ三世が帝位を世襲化してしまい、一八〇六年ナポレオンに廃位させられるまでの長期間、周知のように権勢を誇った。

（24）現在は、ロワール河畔のナント地方の白として有名な品種。マスカットのアロマのある甘口のデザートワイン用だが、フランスのアキテーヌ地方がイギリス領であった時代に、ハラント河沿岸地帯の日当たりのよいところで、イギリス宮廷用に、盛んに栽培されていた。しかし一七〇九年の冷害で全滅し、その後ブルゴーニュ地方のミュスカデ種を移植したという。つまりハッバの時代にはブルゴーニュでも栽培されていたわけだが、現代はもはや栽培されていない。

（25）現代はぶどうの酸度の高い年は、マロ・ラクティック（malo-lactique 乳酸発酵）に時間をかけることにより、ぶどうのリンゴ酸を減少させ、ワインの酸味をまろやかにするという技法が駆使されている。

（26）マルケ州の代表的な品種。古代ローマ時代からのものと地元では言い伝えられているが、改良種だろう。快い酸味、果実風味が印象的なワインを生んでいる。

（27）時代はさがるが、イギリス帝国主義の総大将のようなヴィクトリア女王（在位一八三七―一九〇一）も、夫がドイツ人だったこともあって、レーニッシュワインに目がなかった。ラインガウのホックワイン（ホッホハイム村のリースリング・ワイン）をご用達ワインにしていた女王は、一八四五年にわざわざこの村へ行幸している。当時の畑の所有者はその機会をちゃっかりとらえ、畑に女王の名を冠する許可を得て、現代もホッホハイムのフープフェルト醸造所では、「ヴィクトリア女王山」の畑名をラベルにしてリースリング・ワインを高値で売りだしている。芳醇だがおそろしく甘く、ワイン通向きではないかもしれない。

（28） ハンガリーも古代ローマ時代よりぶどう栽培が行なわれていたが、トカイはウクライナ、スロヴァキアとの国境近い地域。フルミント種の白のトカイ・アスー・エッセンシアは貴腐ワイン。オーストリア＝ハンガリー二重帝国時代、ハプスブルク家ご用達ワインとして有名になった。

（29） ホフマン（一七七六―一八二二）の短篇『騎士グルック』に、晩秋のベルリンの当時有名だった喫茶店「クラウス&ヴェーバー」で葉巻をくゆらせている伊達男や、代用コーヒーを飲みながら戦争や経済の話をしている者たちにまじって、ベルリン滞在中の主人公が、ここで偶然出くわした老人と会話をかわす場面でも、「あんたはベルリン子じゃないな」「おっしゃる通り、私は気の向くままに、当地に滞在する身で。このブルゴーニュはなかなかですよ。しかしもう肌寒いですね」「じゃあ拙宅へ行って一本あけませんか」というように、「ブルゴーニュ」といえば、上等のワインの意味であった。

（30） 上質ワインの称号を得たもののなかから、さらに格付けの肩書きがつくが、この肩書きは下から順に、カビネット、シュペートレーゼ（遅摘み）、アウスレーゼ（遅摘みの房選り）、ベーレンアウスレーゼ（遅摘みの粒選り）、貴腐ワイン。当然、上の段階になるほど高値になる。ワインの甘味に固執してきたドイツワインの伝統を反映するもので、甘口ワインを好まないワイン通には、それほど意味をなさない序列かもしれない。ちなみに、カビネットという格付けは、エーバーバッハ修道院の幹部が自家用に選びだしたワインを保存していたカビネット（Kabinett＝収納戸）に由来する。

（31） その後のエルザスは二十世紀初頭には、シュタードラーやシッケレといったエルザス出身の詩人や作家がドイツ表現主義文学の一翼を担ったりして、第一次世界大戦後にフランス領アルザスとなるまで、独特なドイツ文化風土を形成していた。第一次大戦後アルザスになるが、一九三〇年代、ナチ政権がふたたびアルザスをドイツに併合し、フランスの国粋主義的な二流作家ドーデの『フランス語最後の授業』は映画などで有名になったが、エルザスの子供たちにとって、フランス語は必ずしも母国語ではなかった。第二次大戦後、エルザスは最終的にフランスのアルザスとなった。

(32) プロイセン王国がドイツを統一したといっても、政治的主導権をにぎっただけで、現実には法的、経済的に独立した三五邦国、四自由都市からなる連邦であった。一八一八年プロイセン政府は王国内の関税を一切廃止するという関税法を制定し、国境に統一的な関税線を引いたが、これに対して南西ドイツの商工業者たちも協会を設立して関税同盟を形成し、自分たちの地域の利益をはかった。プロイセンはそうした他地域の関税同盟をプロイセン関税同盟に併合したり、あるいはまた切り崩したりするなどして、一八三四年に全ドイツ関税同盟が発足するまで、複雑な線引政策を強引に押し進めた。一八一九年から一八二九年にかけてモーゼル地方のワイン産業が前代未聞の繁栄ぶりをみせたのは関税障壁によって保護された形になったからである。

(33) つい最近までヘルマン・ミュラー＝トゥルガウは、リースリング種とジルヴァーナー種を交配させたのだと言われてきたから、ドイツワインに関する書物はみなそう書いているようだが、遺伝子検査の結果、二種類のリースリング種どうしの交配であったことが判明している。リースリングとジルヴァーナーの交配が行なわれたのは一九一六年、ラインヘッセンの醸造研究所のゲオルク・ショイによるものである。ショイレーベと名づけられたこの交配種の栽培地域はしかし広くない。

(34) もとは一三九七年に建設されたフランシスコ会修道院の自家用ビールの醸造所が、修道院解体後、所有主を次々かえ、一六二二年から一七〇七年まで所有していたブルジョアのシュペート家が家名のバイエルン訛りのシュパーテ［ン］（スコップ）を商標にして一新し、シュパーテン＝フランシスカーナー醸造所を始めたのであった。これを一八〇七年に買い取ったガブリエル・ゼードルマイアーの息子ガブリエル二世が最新醸造技術を研修するためにイギリスに送られ、帰国した後に研修仲間とともに冬にビールを仕込める酵母の培養に成功したという。

（35）上面発酵とか下面発酵というのは、普通には耳にしない言葉であるが、イギリスのエール（ビール）の酵母菌は醸造槽の上におりとなって浮上するので上面発酵という。これに対し、ゼードルマイアーとオーストリア人のアントン・ドレアーが純粋培養に成功した酵母菌は沈下するので下面発酵という。しかし本質的なちがいは、浮上するか沈下するかではなく、それまでの酵母菌は常温でないと活動しないため、暖かな季節につくるビールは長持ちせず、すぐに飲みきってしまわなければならなかったのが、冬に醸造できる酵母菌のおかげでビールを来春まで貯蔵庫（ラーガー）に貯蔵できるようになったことであった。イギリス人は当時、ドイツのビールを悔しまぎれに「ラガービール」（貯蔵ビール）とくさしたものであった。日本では「ラガービール」を特別ビールのように思わせる商標にしている会社があるが、現代のビールはすべてがラガービールなのである。

（36）イタリア人一人当り年間五四・一五リットルに対してドイツ人は一二三・〇〇リットルだが、詳しくは二〇〇二～三年度、ヨーロッパ連合の消費高仮決算表など参照（http://www/yitc.go.jp/wine/world_winen01.html）。

第Ⅶ章

イギリスワインの今昔、あるいはボルドーの場合

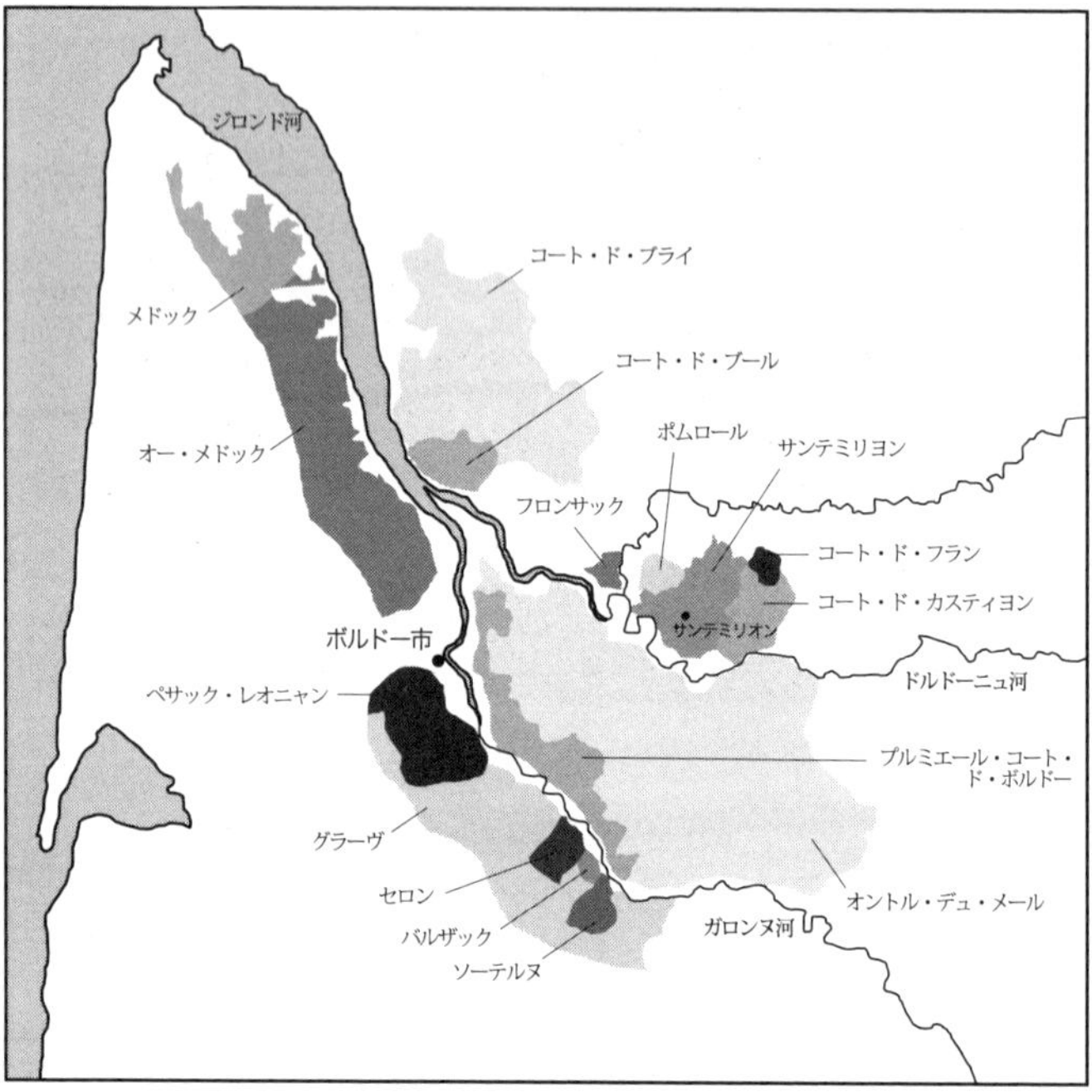

ボルドーの主なワイン産地
（フランス全体の略地図は第Ⅴ章扉裏を参照）

【扉図版】
サンテミリヨンのぶどう畑と大聖堂

輸出もされるイギリスワイン

イギリスワインなんて聞いたことがない、という人は少なくないと思う。「世界ワイン大全」のような書物でも、たいていがイギリスワインには一言も言及していない。しかしイギリスワインが生産されているなど信じがたいというのは日本だけではないようだ。パリでワインショップを営むイギリス人が一九七二年に、フランスの国賓となったエリザベス女王の返礼晩餐会のためにワイン調達を委託されて、自国の上質ワインを供することを思いつき、急ぎ取りよせることにした。ところがパリ空港で通関を拒絶されてしまった。イギリスからの輸入品目にワインなどあるはずがない、と税関に疑われたのである。そのためフランス税官吏との間に一悶着あったという。じつはイギリスワインはれっきとして存在し、わずかながら輸出もされているのである。イングランド南部エセックス州他でぶどうが栽培されていて、良質のワインを産出している。とはいっても個人の趣味程度の栽培面積で、イギリスワインは知る人ぞ知るという規模ではある。

ご用ずみになった中世イギリスワイン

イギリスの全島のほとんどはワイン用ぶどうの栽培可能の北限とされている北緯五〇度以北に位置するが、前章のドイツのぶどう栽培の拡大が証明しているように、中世には、いわゆる地球温暖化の時期があったから、暖流に洗われるこの島には、地域によってぶどう栽培の可能な丘陵地はいくらもあった。古代ローマ時代にもブリタニアにまでぶどう栽培地をひろげようとしていたくらいである。一〇六六年にイングランド王となったノルマンディー公ウィリアム一世[1]も、北向きのノルマンディーよりずっと温暖なイングランド南部のエセックスにぶどうを栽培することを指示し、呼び寄せたシトー会の修道士たちにも土地を与えて、ぶどう農園の開拓を促している。そうしてウィリアム一世からほぼ一世紀後の一一五五年には、イングランドでもワイン醸造がはじまっていたのである。ところがせ

戦利品の武器とワイン樽を運ぶノルマン人たち
バイユーのタピスリー、1080年頃

っかく始められたワインの生産活動があっというまに衰退し、消滅してしまった。もともとワインはライン河やセーヌ河の流域地方から輸入されていたから、これに対抗できるだけの経済生産物にするのは楽ではなかったかもしれないが、そんなことはもうどうでもよいような理由ができ、ワイン造りの熱意そのものが失せてしまったのである。その理由というのは、ボルドーワインがイギリスワインとなった歴史である。わざわざ北の島でぶどうを栽培することなどもう不要ということになったわけである。ボルドーがイギリス領だったというのは、徳川家が天下を取り、大政奉還するまでの江戸時代より長い歴史なのである。古代ローマ時代からのぶどう栽培の伝統があり、メルロー種を主体とする繊細、芳醇な赤ワインで知られている世界遺産都市サンテミリヨンでは、いまなお毎年イギリス時代をしのぶ祝祭行列を催しているくらいである。

アキテーヌ公国、ボルドー対ラ・ロシェル

斜陽の西ローマ帝国には、四一四年ガリア南部に居すわった西ゴート族に、属州アクィタニア（Aquitania＝水の国）の統治を任せるというすべしかなかった。そこで西ゴート族がローマの制度を踏襲しながらガリア南部を支配する時代がしばらくつづいたが、西ローマ帝国が滅亡すると、北から勢力を拡大してきたフランク族がこの西ゴート族をピレネーの南へ追いやる。ところがその抗争のすきにつけいるように、逆にピレネーの南のエブロ河上流の山間から侵入してきたガス

コーニュ族に、今度はフランク王国が手を焼くことになり、ローマ式の同化政策にならって、ガスコーニュ族長を公爵に封じ、アキテーヌ地方[2]の統治を委ねた。こうしてアキテーヌ公国が誕生したのであったが、ほどなく大西洋沿岸ぞいに南下してきたヴァイキングに公国は滅ぼされてしまった。ボルドー地方の修道院なども、ヴァイキングの格好の餌食となって、古くからのぶどう畑もすっかり荒廃してしまい、前章で述べたように、フランク王国カロリング家の関心は北へ移っていたから、この地方の回復にはかなりの時間がかかったようである。

フランス南西部の三分の一を占める新たなアキテーヌ大公国が歴史に登場するのは、十二世紀に入ってからである。公国を繁栄させたのは、何よりも公国領北西部のシャラント河口域の潟で海水を蒸発して得る塩であった。塩貿易が莫大な利益をもたらしたのである。おかげでガロ・ローマ時代から北海沿岸地域との交易を誇っていたボルドーの河港は、約一五〇キロほど北に開かれたラ・ロシェルの海港の後塵を拝することになった。一一三〇年に港湾施設が整備されたラ・ロシェルは、塩のみならずワインの交易でもボルドーより有利な立場に立った。ギョーム九世はラ・ロシェルから北東約一二〇キロほど内陸に位置するポワティエ[3]に宮廷をさだめている。十二世紀には吟遊詩人など中世宮廷文化の中心としてポワティエは賑わったものであった。ロワール河流域を縄ばりにしていた商人たちもラ・ロシェルに移動してきて、北ヨーロッパへのワイン輸出に独占的に従事したのみならず、シャラント河流域のぶどう園開拓に投資したため、シャラン

ラ・ロシェル港

ト河流域地帯には甘口白ワイン用のミュスカデ種を栽培する畑地が急速にひろがっていった。息子のギョーム十世（一一二七―三七）も父親の政策を受けついで、ラ・ロシェルには免税優遇処置を講じたりしたから、この港湾都市には転入者が続出し、人口が急増したものであった。

ガロ・ローマ時代のアロブロゲス族やビトゥリゲ族のぶどう農夫たちが、自分たちの住む地方の自然条件に抵抗しながら、ぶどう品種の選択淘汰や改良によってワイン産出を可能にしたときには、自分たちの居住地がこのワインによって利益をあげるための立地条件をみたしているか否かまで考えたりはしなかったろうが、中世のぶどう畑開拓は、何より利益を追求する事業であった。ぶどう畑開拓のための土地は、利益をあげるに好適だと判断される立地条件をみたしていることが第一条件であった。そしてワインが高値で売れる北ヨーロッパの市場と直結した場所は、いうまでもなく港湾都市周辺や航行可能な河川の流域であった。ラ・ロシェル港が、ジロンド河を百キロもさかのぼらなくてはならないボルドーの河港より有利なことは歴然としていた。ボルドーにはまことに不愉快ななりゆきであった。

アキテーヌをイギリスに変えた王妃

ギョーム十世はしかし大変な不運にみまわれた。教皇位をめぐる権力闘争にまきこまれ、ボルドーの大司教とともにアナクレトゥス二世側に加担したため、勝者インノケンティウス二世(一一三〇―一一四三)に恨まれる羽目になり、世捨て人の道を選ばざるをえない苦境に追いこまれたのである。彼にはアリエノール(一一二二―一二〇四)という跡取り娘がいたので、コンポンステラ巡礼の旅に出るにあたり、臣従関係にあるフランス王ルイ六世(在位一一〇八―一一三七)に娘を託していった。ワイン好きのルイ肥満王は、これをアキテーヌ公国併合の絶好の機会とみたのだろう、アリエノールを十一歳も年下の息子ルイ(一一二一―一一八〇)の嫁にして、一一三七年、ボルドーの大聖堂で婚礼の儀式をとり行わせたものであった。ことはしかし王の思わく通りには運ばなかった。血の気の多いアリエノールは、火と水のような夫との性格の差にいらだちをつのらせ、もともと血縁関係にある二人には本来婚姻は許されなかったはずだという、もっともらしい言い訳をつくって教皇も納得させ、ルイ七世の元を去ると、ノルマンディー公兼アンジュー伯アンリ・プランタジネットのもとに走ったのである。年上のアリエノールを迎えいれたアンリには、またそれだけの思惑があった。繁栄する豊かなアキテーヌ地方を自領に加えることである。時代が前後するが、先の章で述べたブルゴーニュ大公フィリップ豪胆公の結婚戦略は、いわば後代のこの小型版のようなものであるが、ノルマンディー公としてイングランド王位継承権をもっていたアンリの場合は、まるで規模がちがった。一一五四年に彼はこの王位継承権により、イングランド王ヘンリー二世（在位一一五四—八九）となったからである。ということは、アリエノールもいまやイングランド王妃ということであり、彼女の相続所領アキテーヌはイングランド王国領となったわけである。

ロワール地方のワインもボルドー地方のワインも、いまやいうならばイギリスワインである。とくにボルドーの場合は、百年戦争の終わる一四五三年まで約三世紀もイギリス領でありつづけた。先にも言ったように江戸時代よりはるかに長い年月である。日本人の伝統意識や生活感情、美的感覚、因習などに、二十一世紀のいまなお江戸時代が色濃く残っているのを思い合わせれば、三世紀というのはボルドーにとって非常に長い年月であることがわかると思う。

ボルドーの王様

ヘンリー二世は、王妃アリエノールが末子ジョンを身ごもった頃には、「うるわしのロザモンド」なる女性を愛人にしてはばかるところがなかった。出産を終えるの待ってアリエノールは自分の相続領に帰って行った。身を引いたのではない。傷ついた自尊心から復讐の青い炎をあげながらイギリスを去ったのである。血気さかんな次男リチャードもつれ帰って、ポワティエの宮廷に陣取ると、ただちに教会や領民を味方につけるべく修道院に寄進したり、ラ・ロシェルに自由都市特権も与えたりしてアキテーヌ公国の強化をはかっておいてから、息子リチャードにヘンリー二世への反逆をけしかけた。ブルターニュ公に封じられていた三男ジェフリーやフランス王の支援もぬかりなくとりつけた上での決起であった。リチャードは母親の言葉に乗ったものの、すばやく傭兵部隊を組織して出陣してきたイングランド王にあえなく敗れ、弟ともども土下座して父王に赦しを乞う始末となった。これで息子たちはひとまず赦されたのだが、首謀者アリエノールはイギリスに連行され、ソールズベリーの塔に幽閉された。ヘンリー二世は王妃の相続領を没収し、統治をひとまずはリチャードに任せた。するとリチャードは手の平を返したように、母親の後ろ盾であったアキテーヌ諸侯を攻めたててイングランド王に帰順させ、自らは一一七六年にボルドーに新たに宮廷を開いた。

おかげでボルドーは息をふきかえすことになった。ラ・ロシェルと立場が一挙に逆転したというわけではないが、とにかくボルドーワインをイギリス市場に売りこむためリチャード公に働きかけた。ヘンリー二世の長男は幼少期に死去していたので、現実はリチャードが長男としてイングランド王位の第一位継承者だったのである。ボルドー地方としては、少なくともワインに関しては北部の白ワインより高級だという自負があり、サンテミリヨンなどには古くからの伝統の誇りがあった。ところがリチャードはボルドーに居を構えたまま、アキテーヌ公国領の統治に充足し、イギリス本国にはまるで関心がなかった。まさに「ボルドーの王様」である。このボルドーの王様はしかしある日、イングランド王がアキテーヌ領を末子ジョンに相続させる意向を固めているという噂を耳にして、フランス王フィリップ二世（在位一一八〇―一二二三）のもとに急いだ。とにかく直情的な男である。フランス王と臣従の儀式を執り行って、アキテーヌ公国領をヘンリー二世の自由にはさせないという意地を張った。アキテーヌ地方の奪還の機会をうかがっていたフランス王は、この父子対立にほくそ笑んだことだろう。ヘンリー二世にしてみれば案の定である。リチャードの腹の内は前々から読めていた。今度こそ成敗してやろうとふたたび出陣したものの、かつての戦上手も、いまや老いの身に健康も損ねていて勝ち目はなかった。すると目先しか見えぬジョンが軽率にも、自分もまたフランス王の臣下だなどと言いだした。この思いもよらぬ裏切りにヘンリー老王は憤り、陣中血を吐いて死んだ。憤死である。

王位の第一位継承者であったリチャードは急転直下、イングランド王（在位一一八九―九九）で

エルサレムからの帰途、ハインリヒ6世に捕らえられたリチャード1世
12世紀末の写本、ベルン市立図書館蔵

ある。好むと好まざるとにかかわらず、本国に戻らなくてはならなかった。母とともにイギリス本国を去って以来はじめてロンドンに赴き、戴冠式をすませると、母アリエノールを釈放し和解した。フランス王フィリップ二世には予想外のなりゆきであったが、しかし狡猾な男だから表向きはイングランド王リチャードと仲良くふるまい、祖父ルイ六世肥満王以来パリ宮廷に影響力をもつクレルヴォーのベルナールの進言を受け入れ、ブルゴーニュのヴェズレーの丘でイングランド王リチャードと英仏合同の十字軍遠征の出陣式を執り行い、エルサレム遠征の途についた。が、中途でひとりさっさと引き返し、リチャードが臣下のくせに自分の謀殺までたくらんだなどと言いふらしたあげく、大陸のイギリス領を二分しようとジョンをそそのかした。この奸策を伝え聞いたリチャードは急遽帰国の途についたが、オーストリア領内を通過中、シチリアの領土問題をめぐって対立していたドイツ皇帝ハインリヒ六世に拘束される。しかしながらアリエノール妃の教皇への働きかけが功を奏して釈放され、帰国すると、腹にすえかねるフィリップ二世と一戦を交えたが、流れ矢にあたってあえない最期をとげた。リチャードに王位を継承する子はなく、三男ジェフリーもすでに他界していたから、その息子アーサーが王位につくはずであった。ところがアリエノールが末子のジョンを王位につかせる策謀を主動、アーサーは殺害されて、イギリス憲政史に有名なジョン愚王（在位一一九九―一二一六）が登場することになったのである。

ジョン愚王かジョン善王か？

ジョン王にはアキテーヌの諸侯を統御する才覚などなかった。フィリップ二世はそこにつけこんでジョンがフランス王より封じられている領土の統治義務を怠っているなどと屁理屈をこね、一二〇二年ジョン王を欠席裁判にかけ、大陸のイングランド領土を没収すると宣告し、イングランド王から大陸領土の多くを割譲させたものである。ジョンはヘンリー二世からも、母アリエノールからも、それぞれ別な思惑、別な感情から甘やかされて育ったせいか、わがままで、かっとなると後先を考えずに無謀な行動に走るが、信念とか意気地とかいうものがなく、おだてには乗りやすかった。王のこういう性癖を見て取ったのか、ボルドー市民はイギリスへの忠誠を口実にして、ジョンにあれこれ要求をだしてはのませていった。一二一四年にはワインの関税免除の特権も獲得している。当時のボルドーワインの主流をなすものは、イギリス人がクラレットと呼んで歓迎するロゼ・ワイン(4)であったが、現代のような貯蔵法、保存法のまだない時代だから、一年もたたないうちに酸化してしまうということも生じた。瓶詰め技術が進歩するまで、ロゼ・ワインのような軽いものは、賞味期限が製造後三ヵ月くらいで、それこそボジョレ・ヌヴォーのように「早飲み」しなくてはならなかった。船積みしたものが海路の気象条件によっては、目的地につくまでに時間がかかりすぎて、値がさがるのみならず、なかには廃棄処分するしかないほど劣化していたという場合もあった。だからボルドーのワイン醸造家たちは、新酒が年内にロンドン

鹿狩りに興じるジョン王
13世紀の写本

に届くように早摘みの許可などもとりつけたのである。
財政豊かなボルドー市を味方につけておきたいジョンは、それゆえ譲歩をかさねたのかもしれないが、また彼がワインに関する要求にことさら寛容であったのは、ワイン通だったということも働いたのだろう。彼は、並の贅沢王たちのように、ただ推薦された上級ワインを運ばせて飲んだというのではない。ワインに対する味覚、感覚の鋭いワイン通であったと推測されるのである。ジョン王は、ドルドーニュ河の支流をかなりさかのぼった内陸のカオール産[5]のワインを好んだという。この内陸地方は下流のボルドーの妨害にあってワインを輸出できず、一時さびれかけたほどで、現代も国際的にあまり知られていないようであるが、マルベック種の黒いほどの濃い色、豊富なタンニンがかもしだすブケー（熟成香）の奥深さは、カベルネ・ソーヴィニヨンとはかなり性格がちがう。ジョンはカオールの赤を愛好すると同時に、サンテミリヨンの優雅なワインも宮廷ご用達にしたりして、かなりワインの舌は肥えていたと想像されるのである。

ボルドー地方のワイン産業は、おかげでかつての栄光をとりもどした。ボルドー市民にとっては、ジョンは善王だったにちがいない。ボルドーとラ・ロシェルの商業的な立場が再逆転したのはジョン王時代である。被治者にとって、為政者がだれであろうとかまわなかった。自分たちを利する支配者に忠誠をつくしたのである。近代的な意味での国家意識だとか国民感情とかいったものはまだないにひとしかった。だいたい国の境など王侯の身勝手でいくらでも変更された時代である。国王や大公がだれであれ、自分たちの生活に都合のよいほうが好ましい。今度はポワトゥー地方のラ・ロシェルの住民がイギリスに不満をつのらせていった。ジョン王が他界したとき、息子ヘンリー三世がまだ十歳たらずであるのを見て、フランス王ルイ八世（在位一二二三―一二二六）がふたたびアキテーヌ奪回の好機到来と、一二二四年に軍をポワトゥー地方へ進めると、ラ・ロシェルはあっさり城門を開き、フランス王に帰順したものであった。反対にジョン王の恩恵を忘れていないボルドー地方の諸侯やボルドー市民は、あらためてイギリスに忠誠を誓い、幼王ヘンリー三世をローマ教皇の保護下において、フランス側に頑強に抵抗したものである。したがってルイ八世はラ・ロシェルを取り戻しただけであきらめなくてはならなかった。ボルドー地方は依然としてイギリスの領土であった。

ラ・ロシェルが腹いせ的にフランスに帰順したのは、ワイン産業にとっては大失策であった。フランスに戻ったために、ここの港から出航する商船団はイギリスの制海権内を通過できなくなったのである。ポワトゥー地方のワインは大きな市場を失ってしまった。シャラント河流域のぶどう栽培は活気を失い衰退の道を歩むほかなくなる。逆にボルドー地方はいまやイギリスの最大のワイン供給地となる。イギリスは以前からドイツのラインワインをかなり輸入していたが、十三世紀の中頃には、イギリス本国へのワイン供給の四分の三は、ボルドー産が占めるようになっていた。

ボルドー周辺の古地図（1630年頃）
1630年頃画面上から合流してくるのがドルドーニュ河

ボルドー市のエゴイズム

ボルドーワインといっても、ボルドー市を中心とするガスコーニュ地方のワイン産業全体の利害関係が一致していたわけではない。ここで司教座都市ボルドーとボルドーワインの産地の意味でのボルドー地方とのちがいをはっきりさせておく必要があるかと思う。ボルドーワインの産地という意味でのボルドー地方とは、ドルドーニュ河とガロンヌ河が合流してジロンド河となって大西洋に注ぐ、この三つの河畔地域をさしている。[6] ボルドー市はガロンヌ河がドルドーニュ河と合流する辺りよりいくらか上流に位置するから、ボルドー市より上流のガロンヌ河流域の産地は、さらに奥のカオール地方とともに、河港の権限を持つボルドー市の干渉を受けたが、サンテミリヨンやフロンサックなどが産出するワインを積んだ船は、ボルドー市の河港を通過することなくジロンド河に出て海までくだることができ、しかも中世ボルドーの高級ワインといえば、主にこのドルドーニュ河畔の銘醸畑のもので、十三世紀のイギリス貴族階級には、あらゆる祝宴にドルドーニュ河畔の高級赤ワインを供するのが貴族のステイタスを意味するまでになっていた。ボルドー地方のワイン交易を一手に取りしきりたいボルドー市にとって、これは不愉快な話であったが、交易の全体量からいえばボルドー市を中心とするものが大勢をしめ、交易のおかげで市の上層部は政治的発言力もまし、ヘンリー三世の時代に自治権を獲得したボルドー市民の有力者たちは、市民貴族とさえ呼ばれるほどの富と自由を手にしたものである。ボルドー市長などはイングランド王の代表を任じるほどであった。

ワインの需要の増大に応えるため、ボルドー市の周辺地域になお残っていた未開拓地や森(現グラーヴ地区)の開拓が急がれた。ヘンリー三世の息子エドワード一世(在位一二七二―一三〇七)も、この開拓事業を促進させる政策をとったおかげで、ガロンヌ河周辺の湿地帯にさえぶどう栽培が試みられるようになった。十四世紀初め頃には、ボルドーの港からイギリス本土に向けて積みだされるワインは七五万ヘクトリットル近くに達していたという。中世のイギリス人もまたドイツ人同様に、おそらく現代よりははるかに多量のワインを消費していただろう。といってもイギリスの場合、ワイン消費はドイツ以上に王侯貴族をはじめとする上層階級に集中していて、イギリスの庶民の飲み物は昔ながらのエール（ビール）であった。

フランス王フィリップ四世（在位一二八五―一三一四）は、いつまでも険悪な英仏王家の関係を改善しようと、娘イザベルをイングランド王エドワード二世（一三〇七―二七）に嫁がせた。ところが、これがひどい裏目にでたのである。彼の息子たちがみな早生して、弟ヴァロア伯の息子、つまり甥のフィリップ六世（一三二八―五〇）が王位につくと、イングランド王に嫁がせたイザベルの息子エドワード三世（一三二七―七七）が、孫の自分にこそカペー朝の王位継承の優先権があるではないか、と言いだしたのである。これが百年戦争の口火（一三四六年）となった。

百年戦争とボルドーワイン

この戦争がしかしまた、ボルドー市に有利に働いた。というのは先程のカオールをはじめ、ことかなり距離の近いソーテルヌなど同じガロンヌ河の上流のワイン産地は、河をくだる船の交易に何かと制限を加えるボルドー市に対して、かねがね不満を抱いていたものだから、百年戦争が勃発するとフランスの勝利を見こし、早々にフランスに協力的な態勢をとった。するとエドワード三世は報復処置として一三七三年、ガロンヌ河上流地域からのワイン船のジロンド河への航行を禁止してしまった。しかも戦争はイギリス軍の連戦連勝である。これはボルドーの望むところであった。エドワード三世自身もジロンド河畔の現オー・メドック地区にぶどう畑を領有する城館を構え、彼の孫リチャード二世（在位一三三七―九九）になると、かつてのリチャードのように「ボルドーの王様」と呼ばれるほどになる。ボルドーは百年戦争中も一貫してイングランド王に忠誠を誓ったため、ボルドー市長はイングランド王国の全権委任大使のような権限さえも与えられた。ところが周知のように百年戦争は最終的にはフランスが勝利する。ボルドーを死守しようと頑強に抵抗したイギリス軍も一四五三年にはシャルル七世の軍勢に町を明け渡してフランスを去って行った。一一五四年にノルマンディー公アンリがイングランド王位について以来、じつに三世紀ぶりにアキテーヌはすべてフランスに帰属することになった。

リチャード2世の肖像
1390年頃
ウェストミンスター大寺院

その後のボルドーの特殊性

フランスにもどると、イギリス宮廷ご用達であったサンテミリヨンのワインなどは当然ながら評判がしばらくはかんばしくなかった。サンテミリヨンの東隣の村のコート・ド・カスティヨンでは、これ見よがしにフランス王大歓迎の祝いを催したものである。ちなみにこの地区から産出される赤ワインの商標に「シャルル七世」を掲げているものが現代もある。全体としてはしかしボルドー地方がフランス王家から報復処置を受けるということはなかった。ワイン商人がイギリス時代に獲得していた特権も廃止されないですんだ。最後までイギリスに忠誠をつくしていたボルドー住民の心が離れることを、フランス王はむしろ恐れていたのである。おかげで国がかわり支配者がかわっても、ボルドー地方のワイン産業は、かわることなく、というよりさらに国際的に発展してゆくのである。

近世に入ると、ボルドーの商人が輸出先の北国の港町に駐在して取引にたずさわったり、逆に外国の商人や船主がボルドー地方へ移住してきて、ワインを直接買いつけたり、ぶどう畑に投資するなど、時代に先行するような経済活動が展開された。この推進力となったのは、海外貿易に活路をみいだそうとしていたオランダ人商人である。一五八一年、スペインの支配から独立したネーデルランド北部のプロテスタントのオランダは、かつての古代地中海世界のフェニキア人の

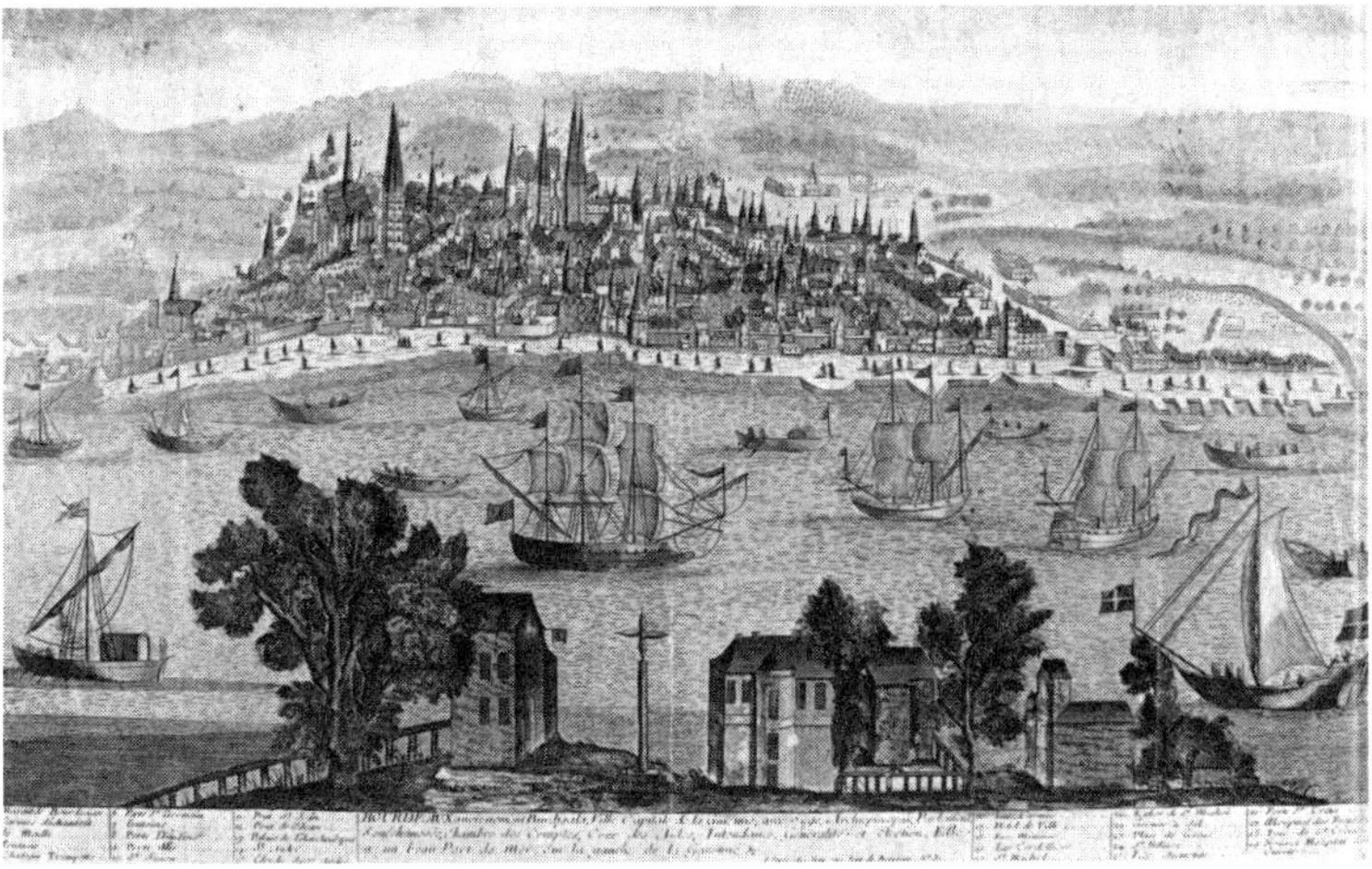

17世紀のボルドー
ボルドー市立文書館

ように、貿易立国として繁栄の急坂を登り始めたが、ボルドーのワイン産業にもオランダ商人が大きな影響を及ぼした。利益を最優先するという近代商業主義をもちこんだのである。彼らは増大する庶民需要に応えるため、高級ワインを買いあさるより、できるだけ安いワインを大量に仕入れることに力点をおいた。いうまでもなく庶民が口にできるのは高価なワインではない。肝心なことは売れるワインをはば広く売りさばくことであった。商人たちは、できるだけ安くワインを仕入れ、必要なら砂糖やシロップなどを添加したり、数種類のワインをブレンドしたりして口あたりのよいものにして販路の拡大をはかった。吟醸ワインも、彼らにとってはブレンドの素材でしかなかった。高級ワインに対するこの扱い方は、銘醸ワインの伝統を維持しようとするブルジョアや市参事会などの反発を招いた。サンテミリヨン

アムステルダムのワイン商人たち
ヘルブラント・ファン・デン・エークハウト画、1657年頃、
ロンドン、ナショナル・ギャラリー

をはじめとするドルドーニュ河畔地域の伝統的な醸造家たちは、オランダ商法に自分たちの名声を汚されまいとして対抗策を講じようとしたが、より多くの消費者を相手にすべきだという近代商法には押し切られていった。

ボルドーに移住してきたオランダの商人たちのなかにはフランスに帰化するものも少なくなく、彼らは土地の新たな所有者となり、ぶどう園を開拓するために、客土による土壌改良や大々的な排水工事などには労力、費用を惜しまなかった。たとえば現メドック地区は、ボルドーワインでもカベルネ・ソーヴィニヨン種[7]の重厚な深みのある赤ワインの産出地域として有名だが、当時はとてもぶどう栽培には適さないとみなされていた河口に近い下流域の砂地である。しかしジロンド河の河口は商業的立地条件からいうと非常にすぐれている。だからこのぶどうには貧土とみなされていた平地に、彼らは投資してぶどう農地に変えたのである。

オランダ商人はしかしブルゴーニュの修道士とはちがっていた。ぶどう園の開発といっても、銘醸畑を作りあげ、高品質のワインを世に送り出すことに腐心したわけではなかった。カベルネ・ソーヴィニヨン種から高級ワインを醸造できるからという理由で、メドックの畑にもっぱらこの品種を植栽させたわけではなく、北ヨーロッパの顧客を念頭においての投資であった。つまりカベルネ・ソーヴィニヨン種はタンニンを多く含むため、新ワインは、時に舌を刺すようで、味も重苦しく感じられるが、じっくり寝かせておけば、やがて深みがでてきて、まことに飲みごたえあるワインになる。オランダ人にとってカベルネ・ソーヴィニヨンほど都合のよい品種はなかった。というのも、これほど安く仕入れ貯蔵しておいて、いいように値段をつけ、しかも客を満足させられるワインの品種はなかったからである。彼らにとって優秀なワイン産地、ぶどう農園というのは、売れるワインを多量に産出できる産地や農園のことであった。市場に最もみごとに適応できるワインを追求するオランダ商人たちは、いうならばテロワールの概念をかえたのである。醸造技術の改良に力が注がれたのも、ワインの品質そのもののためというより、むしろ海運中のワイン劣化を防ぐためにアルコール含有量をあげるといったような実利の観点からであった。ワインの保存をよくするために硫黄を使用することは、古代ローマ時代から知られていたが、この知識を下敷きにして、硫黄をしみ込ませた火縄を燃して樽の内部を滅菌する「オランダ火縄」の使用もあみだされた。ちなみにこの方法はドイツ、オーストリアにも波及している。

このオランダの海外貿易、植民地支配のお株を取りあげるのが、周知のようにイギリスである。イギリス人はボルドー地方のワイン産業においても主導権をとりもどそうと、張りあうようにガロンヌ河岸地域に居住し、代々ワイン産業に必要な港湾工事、ぶどう畑の拡充などに尽力したり、樽詰めを瓶詰めに代えるために、瓶が遠路輸送に絶えられるほど強靭なものになるよう改良にとりくんだりもしている。一七二三年頃よりボルドー市近郊にイングランドの石炭を使用したガラス工場がつぎつぎ開設されていった。十八世紀にはドイツからもボルドー地方への移住者が少なくなく、移住者たちは仲間うちの結婚によって共同体を大きなものにしてゆきながらワインの仲買、北欧への輸出などを独占的に行なったものであった。こうしたワイン商人たちがプロテスタントであったことも、ボルドー地方の宗教風土の大きな特色となっていった。

アキテーヌ公国時代より、ボルドー地方に領地を所有し、そこから得る収入の大半がワイン販売によることを知っている富裕貴族たちも、ワイン産業の発展に無関心であろうはずはなかった。彼らはプロテスタント教区民に心の扉を開き、商業契約上の協調関係を築いたおかげで、フランスでも他地方で展開したような宗教上の醜悪ないがみあいが演じられることはなかった。ワイン交易によってボルドー市を経済都市として繁栄させたブルジョア商人たちは、海外の植民地の産

ボルドー近郊の世界遺産都市サンテミリヨン
ぶどう畑より大聖堂を望む

物とヨーロッパ諸国の製品の貿易中継も手がけるようになり、ますます富を蓄積していった。

フランスの他地方ではボルドーのワインはイギリス人とオランダ人の作り出したワインだなどと陰口をたたいていたが、ボルドーワインが、現代のようにブルゴーニュと並び、しかしブルゴーニュとは性格のことなるフランスワインの横綱格としての名声を獲得するきっかけとなったのがパリ万国博覧会であった。ナポレオン三世（一八〇八―七三、在位一八五二―七〇）は、ヴィクトリア女王の夫君アルバート公の主催で一八五一年に開催されたロンドン万国博覧会の成功に負けじとばかり、一八五五年にパリ万国博覧会を開催し、その際にボルドー市当局に、格付けをしワインを出品するよう命じたのである。ボルドー市は、ドルドーニュ河畔のサンテミリヨンなどの銘醸畑を意図的に無視して、赤ワインはすべてジロンド河畔地区のメドックのものを出品し、白は同じガロンヌ河上流のソーテルヌ地区の貴腐ワインを指名するという姑息なこともやってのけたが、しかし少なくともボルドー地方のワインを世界に知らしめることになったのであった。

われわれ外国人には判断できないことだが、同じフランス人には、いまでもボルドーにはイギリス風、ドイツ風、オランダ風を嗅ぎ分けられる特殊な何かが残っているようである。ジャン＝R・ピットはこんなことを書いている。「ボルドー地方では、ほとんどのシャトーが持ち主を簡単に変えているが、こんな事実も、プロテスタント風とまでは言えなくとも、少なくともドイツ風の特殊性だと考えていいかもしれない。アングロサクソンの世界の現行の法的慣習にも即応する特殊性で、要するに才能と勇気さえあれば、富むことができる」（大友竜訳）。

註

（1）普通ウィリアム征服王と呼ばれ、彼が最初にイングランドを征服したノルマン人であるかのように言われているが、二代前のエセルレッド二世（在位九七八―一〇一六）がすでにイングランド王位についており、ウィリアムはその継承権を主張したまでである。

（2）アキテーヌは、ローマの属州アクィタニア（水の国）のフランス語化したものだが、現アキテーヌ地方はフランス南西部のドルドーニュ県、ジロンド県、ロット＝エ＝ガロンヌ県、ピレネー＝アトランティック県、ランド県の五県からなり、ほぼ九州と同じ面積である。州都はボルドー市。北はポワトゥー＝シャラント、南はスペインと国境を接する。もっともアキテーヌ公国時代の支配範囲はこれより広大であった。ロワール河の流れるロワール盆地も支配していたギヨーム九世治世下の十二世紀のアキテーヌは、ボルドーをふくむ南部ガスコーニュ地方と、宮廷の開かれた北部ポワトゥー地方にわかれていた。

（3）現ポワティエは一地方都市にすぎないが、中世盛期には華やかな騎士文化、吟遊詩人の文化の中心であった。破天荒な豪傑だったギヨーム九世は、同時にまた吟遊詩人でもあるという人物であった。

（4）イギリス上層階級は、ラインワインをレーニッシュ、ボルドーワインをクラレットとよんで愛飲し、ヘンリー二世もクラレットを好んだというが、クラレットの語源はラテン語のclaresで、フランス語はclaire、英語はclear、この愛称がクラレット。淡色のロゼワインのことである。

（5）当時は内陸部のカオールやガイヤックなど諸地方はワインの出荷や税に関してボルドー市と差別されていた。

（6）ボルドーのワイン産地を大雑把に素描するとジロンド河下流左岸がメドック地方、その上流がオー・メドック、その対岸地域がブレイ。ドルドーニュ河右岸にフロンサック、ポムロール、サンテミリヨン、ガロンヌ河下流河畔にボルドー市があり、上流流域にはバルザック、セロン、ソーテルヌ、ガロンヌとドルドーニュに挟まれた三角形地帯はオントル・ドゥ・メールである。

（7）ボルドーといえば赤の品種はカベルネ・ソーヴィニヨン（これを和らげるためにメルローを加える）と相場が決まっている。タンニンの豊かな品種で、醸造したばかりの若いワインは、こくがあるというよりは、舌や喉を刺すような渋みと厳しさが不快に感じられさえする。熟成させてはじめて深みある魅力的なワインを生む品種である。タンニンには殺菌力、抗酸敗力があり、長く寝かせておくことができる。この過程でタンニンがアルコールに徐々に溶けこんで、豊かな味香をかもしだすのである。北国にワインを旅させるボルドーにとっては、この品種は重要であった。北国の顧客たちにも人気があった。ライン河をくだってくる白ワインは、イギリスなどの港につくまでに酸化の始まっているものもあっただろう。ボルドーの赤ワインはしかし、ブルゴーニュのピノ・ノワールのように一品種ではない。むしろカベルネ・ソーヴィニヨンを主体にしてメルロー、カベルネ・フランなどをブレンドするのが普通であり、またこのブレンド技術が、それぞれの地区や畑の土壌の性格とあいまって個性を支えている。この伝統は、さまざまな味香のワインを楽しんでいたイングランド、特にアキテーヌ宮廷人たちの好みに由来するのかもしれない。サンテミリヨン地区などは、現代ではメルロー種の圧倒的に割合が多くなっている。

参考文献

1 The Oxford Companion to Wine, edited by Robinson, Jancis. Oxford University Press 1994
2 Johnson, Hugh / Pigott, Stuart : Atlas der deutschen Weine. Hallwag Verlag 1995
3 Bielefeld, Jochen G. : Wein in Deutschland. Gräfe und Unzer 1996
4 Priewe, Jens : Wein, die kleine Schule. Verlag Zabert Sandmann 2002
5 Johnson, Hugh : The Story of Wine. Mitchell Beazley Publishers 1989
6 Kramer, Matt : Making Sense of Burgundy. William Morrow & Company 1990
7 Pitiot, Sylvain / Servant, Jean-Charles (aus dem Französischen von Supp, Eckhard) : Die Weine des Burgund. Press Universitaires de France 1998
8 Diel, Armin / Payne, Joel : Wein Guide Deutschland 2000. Heyne 1999
9 Hillermeier, Susanne : Mittelfränkische Bocksbeutelstrasse. Seehars Uffenheim 1990
10 Déceneux, Marc : Moines et vie monastique. Editions Ouest-France 1998
11 Heinz-Mohr, Gerd: Lexikon der Symbole. Eugen Diederichs Verlag 1971
12 Salvéque, Jean-Denis : The Abbey of Cluny. Editions du Patrimoine 2001

13 Platon : Sämtliche Werke Bd. 2 / 4. Rohwolts Enzyklopadie 1994

14 Freud, Siegmund : Studienausgabe Bd. IX. S. Fischer Verlag 1974

15 Nietzsche, Friedrich : KSA. Bd.1. Die Geburt der Tragödie usf. dtv/de Gruyter 1988

16 Schreiner, Klaus : Maria. Jungfrau, Mutter, Herrscherin. Carl Hanser Verlag 1994

17 Brunkhorst, Hauke : Einführung in die Geschichte politischer Ideen. Wilhelm Fink Verlag 2000

18 Todd, Malcolm (aus dem Englischen von Strobel, Nicole) : Die Germanen. Konrad Theiss Verlag 2000

19 ドゥビュイニュ、ジェラール（末吉幸郎／坂東三郎訳）『ラルース・ワイン辞典』三洋出版貿易、一九七三年

20 ディオン、ロジェ（福田育弘他訳）『フランスワイン文化史全書』国書刊行会、二〇〇一年

21 パーカーJr、ロバート・M（シンガー、アーネスト日本語版監修）『フランスのワイン　I・II』『西ヨーロッパのワイン』講談社、二〇〇〇年

22 『ギルガメシュ叙事詩』（月本昭男訳）岩波書店、一九九六年

23 エリアーデ、ミルチャ（堀一郎訳）『大地・農耕・女性―比較宗教類型論』未来社、一九六八年

24 ウォーカー、バーバラ（山下主一郎他共訳）『神話・伝承事典―失われた女神たちの復権』大修館書店、一九八八年

25 カイヨワ、ロジェ（塚原史他訳）『人間と聖なるもの』せりか書房、一九九四年

26 オットー、W・F（辻村誠三訳）『神話と宗教』筑摩書房、一九六六年

25 マーコウ、グモン・E（片山陽子訳）『フェニキア人』創元社、二〇〇七年

26 フェイガン、B（東郷えりか訳）『古代文明と気候大変動』河出書房新社、二〇〇八年

27 ホメロス（松平千秋訳）『イリアス　上・下』岩波文庫、一九九二年

28 ホメロス（松平千秋訳）『オデュッセイア　上・下』岩波文庫、一九九四年

29 高津春繁『アテナイ人の生活』弘文堂、アテネ文庫五九、一九四九年
30 ヘシオドス（広川洋一訳）『神統記』岩波書店、一九八四年
31 ケレーニイ、カール（岡田素之訳）『ディオニューソス―破壊されざる生の根源像』白水社、一九九三年
32 グレーヴス、ロバート（高杉一郎訳）『ギリシア神話　上・下』紀伊國屋書店、一九七三年
33 バナール、マーティン（金井和子訳）『黒いアテナ　上下』藤原書店、二〇〇四年
34 加藤隆『新約聖書はなぜギリシア語で書かれたか』大修館書店、一九九九年
35 ダニエル＝ロプス、アンリ（波木居斉二／純一訳）『イエス時代の日常生活　ⅠⅡⅢ』山本書店、一九六四年
36 スィーリング、バーバラ（高尾利数訳）『イエスのミステリー―死海文書の謎を解く』日本放送出版協会、一九九三年
37 アームストロング、カレン（高尾利数訳）『神の歴史』柏書房、一九九五年
38 マック、バートン・L（秦剛平訳）『誰が新約聖書を書いたのか』青土社、一九九八年
39 テュイリエ、ジャン＝ポール（松田廸子訳）『エトルリア文明』創元社、一九九四年
40 マイヤー、ベルンハルト（平島直一郎訳）『ケルト事典』創元社、二〇〇一年
41 エリュエール、クリスチアーヌ（田辺／湯川／松田訳）『ケルト人』創元社、一九九四年
42 カエサル（國原吉之助訳）『ガリア戦記』講談社、一九九四年
43 セネカ（茂手木元蔵訳）『人生の短さについて　他二篇』岩波文庫、一九八〇年
44 『プリニウス博物誌　植物篇』（大槻真一郎編）八坂書房、一九九四年
45 『プリニウスの博物誌　Ⅱ』（中野定雄他訳）雄山閣、一九八六年
46 タキトゥス（國原吉之助訳）『年代記　上・下』岩波文庫、一九八一年
47 タキトゥス（國原吉之助訳）『ゲルマニア・アグリコラ』ちくま学芸文庫、一九九六年

48 ケッピー、ローレンス（小林雅夫／梶川知志訳）『碑文から見た古代ローマ生活誌』原書房、二〇〇六年
49 『世界名詩集大成1　古代・中世篇』（訳者代表　呉茂一／高津春繁）平凡社、一九七八年
50 アヌーン、ロジェ／シェード、ジョン（藤崎京子訳）『ローマ人の世界』創元社、一九九六年
51 ベシャウシュ、アズディンヌ（藤崎京子訳）『カルタゴの興亡』創元社、一九九四年
52 塩野七生『ローマ人の物語12　迷走する帝国』新潮社、二〇〇三年
53 弓削達編『生活の世界歴史4　素顔のローマ人』河出書房新社、一九七五年
54 新保良明『ローマ帝国愚帝列伝』講談社、二〇〇〇年
55 ベンコ、スティーヴァン／オルーク、ジョン（新田一郎訳）『原始キリスト教の背景としてのローマ帝国』教文館、一九八九年
56 フェーヴル、リュシアン（長谷川輝夫訳）『ヨーロッパとは何か』刀水書房、二〇〇八年
57 ル・ゴフ、ジャック編（鎌田博夫訳）『中世の人間』法政大学出版局、一九九九年
58 ヴァルテール、フィリップ（渡邉浩司・裕美子訳）『中世の祝祭―伝説・神話・起源』原書房、二〇〇七年
59 佐藤彰一『中世世界とは何か』岩波書店、二〇〇八年
60 ジョーンズ、プルーデンス／ペニック、ナイジェル（山中朝晶訳）『ヨーロッパ異教史』東京書籍、二〇〇五年
61 ホイジンガ、ヨハン（堀越孝一訳）『中世の秋』中央公論社、一九七六年
62 上智大学中世思想研究所編訳／監修『中世思想原典集成10　修道院神学』平凡社、一九九七年
63 ギンズブルク、カルロ（竹山博英訳）『闇の歴史』せりか書房、一九九二年
64 成瀬治／山田欣吾／木村靖二編『ドイツ史Ⅰ』山川出版社、一九九七年
65 柴田三千雄／樺山紘一／福井憲彦編『フランス史Ⅰ』山川出版社、一九九五年
66 山辺規子『ノルマン騎士の地中海興亡史』白水社、二〇〇九年

67 ウェルズ、H・G（長谷川文雄／阿部知二訳）『世界史概観 上下』岩波書店、一九六六年
68 堀米庸三編『生活の世界歴史6 中世の森の中で』河出書房新社、一九七五年
69 朝倉文市『修道院にみるヨーロッパの心』山川出版社、一九九六年
70 堀越宏一『中世ヨーロッパの農村世界』山川出版社、一九九七年
71 ペルヌー、レジーヌ／ペルヌー、ジョルジュ（福本秀子訳）『フランス中世歴史散歩』白水社、二〇〇三年
72 カルメット、ジョゼフ（田辺保訳）『ブルゴーニュ公国の大公たち』国書刊行会、二〇〇〇年
73 藤井美男『ブルゴーニュ国家とブリュッセル』ミネルヴァ書房、二〇〇七年
74 堀越孝一『パンとぶどう酒の中世 十五世紀パリの生活』ちくま学芸文庫、二〇〇七年
75 田辺保『ボーヌで死ぬということ』みすず書房、一九九六年
76 ピット、ジャン＝R（大友竜訳）『ボルドーVS.ブルゴーニュ―せめぎあう情熱』日本評論社、二〇〇七年
77 蔵持不三也『ワインの民族誌』筑摩書房、一九八八年
78 山本博『ワインが語るフランスの歴史』白水社、二〇〇三年
79 リゴー、ジャッキー（立花洋太訳）『アンリ・ジャイエのワイン造り』白水社、二〇〇五年
80 テイバー、ジョージ・M（葉山／山本訳）『パリスの審判―カリフォルニア・ワインVS.フランス・ワイン』日経BP社、二〇〇七年
81 クレイマー、マット（阿部秀司訳）『イタリアワインがわかる』白水社、二〇〇九年
82 ウォレス、ベンジャミン（佐藤桂訳）『世界一高いワイン「ジェファーソン・ボトル」の酔えない事情』早川書房、二〇〇八年
83 辻静雄『ワインの本』新潮社、一九八二年
84 麻井宇介『ワインづくりの思想』中央公論新社、二〇〇一年

85 古賀守『ワインの世界史』中央公論社、一九七五年
86 塩田正志『全訂イタリアワイン』柴田書店、一九九五年
87 出石万希子『イタリア・ワイン・ブック』新潮社、二〇〇一年
88 伊藤真人『新ドイツワイン』柴田書店、一九八四年

あとがき

異文化ショックという言葉が一時とくに若者たちの間で流行したことがあった。ちょっとした生活習慣などのちがいでも、すぐに異文化ショックと言いたてるところに、生活感覚の狭さ、了見の狭さを感じ、いやな気分がしたものである。若い頃には、見るもの聞くもの出会うものが、新しければ新しいほど刺激があるし、ちがえばちがうほど面白いのに、何かというとショックでは情けないことである。そういう自分もじつは若い頃に一度、この言い回し通りの思いを経験したことがある。それがワインであった。

もう半世紀も昔のことになるが、初めて渡欧した一九六〇年代半ば、旧西ドイツはすでに奇跡的といわれた経済復興をなしとげ、経済的に豊かになったために文学は貧しくなったなどと批判する文学者もいたが、日本はまだ経済的に貧しい時代であった。私が渡欧できたのも、旧西ドイツのフンボルト財団から支給されることになった当時の自分の給料の三倍以上もある奨学金のおかげであった。その年の冬学期の始まる十一月初めに留学先のゲッティンゲンに到着するようにと航空券同封の書類が届けられたとき、財団に手紙を書いて、学期に先立つ二ヶ月余りを、スイスとの国境に近いボーデン湖畔の町に滞在するわがままを聞いてもらった。当時専攻していたドイツ詩人の終焉の地スイスの各地に、その晩年の足跡を追うため、ここを根城にしたいという魂胆だったのである。

夏の終わりにこの湖畔の町の下宿に落ち着いて、まもなくの晩であった。とある喫茶店に入り着席した折り、隣のテーブルの上の緑色の渦巻き状の太い脚のついた下膨れのグラスが目にとまった。今までに見たことのない形状である。グラスには淡く黄味を帯びた液体が入っていた。いかなる飲み物かとふしぎに思いながら店内に視線を移すと、向こうのほうでも同様のグラスから同様のものを飲んでいる。注文を訊きに来たウェイトレスに尋ねてみると、ワインだと言って微笑した。思わず同じものを注文して、運ばれてきたグラスに顔を近づけると、かすかに何か花のような香りがした。そうしてそれから一口、口に含むと経験したことがない、というより想像したこともない味香が口中にひろがった。これがワインというものなのかと、感に堪えながら、しだいにほろ酔い気分になったあの晩の記憶はいまなお鮮烈である。

渡欧するまでワイン（当時は葡萄酒と呼んでいたが）を知らなかったわけではない。ワインの出てくる詩や小説は少なからず読んでいたし、フランス映画やイタリア映画の場面などではむしろおなじみといってもよいほどであった。しかし飲食物ほど、名を知っているだけでは知らぬも同然以下といってよいものはないだろう。あの晩のワインの味香は、日本でそれまでに何かの機会に飲むことのあった赤玉ポートワインのたぐいからの想像を文字通り絶するものであった。しかし文化ショックというのは、このワインの味わいそのものではなかった。そうではなく、そのワインの代金なのであった。思わず注文してしまった後で、おそるおそるメニューを見て目を疑った。学生時代に京都の某百貨店のショーウインドーに法外な価格のドイツワインの瓶が店の飾り付けのようにいつまでも置かれているのを見ていたおぼえもあったせいだろうか、何とコーヒー一杯より安い、というのがまことに衝撃的であった。

外国のワインの瓶がデパートの飾り窓で埃をかぶっているというようなことは、さすがにいまは昔で、現在は日本でもスーパーマーケットにワインが並ぶようになっているし、大きな酒専門店の棚を上手に探せば、良いテーブルワインを五百円くらいで見つけられるまでになった。にもかかわらず、何が原因しているのか、ワインは高価なものという固定観念がいまだに根強く、私のヨーロッパ文化ゼミに参加した学生諸君に、ワインにどういうイメージをもっているかと尋ねてみると、いまの若い世代でも、「高級なもの」、「値段の高いもの」、「高級レストランで飲む肩のこるもの」といった答が多い。

話がまた半世紀前にもどるが、私の留学地のゲッティンゲンのようなぶどう栽培地域以外の都市では、さすがにどの喫茶店に入ってもワインが飲めるというわけにはゆかなかったが、ここから急行電車を利用すれば日帰りの遠足ができる距離にあるフランケン地方のヴュルツブルクなどではやはり、買い物帰りらしい女性が喫茶店に立ち寄り、買い物袋を脇において、例の緑渦巻き状の脚付きグラス（ロェマーグラス）を前にして、週刊誌を読んでいるといった光景を見かけたりしたものであった。ちなみにヴュルツブルクにはフランケン地方のワイン専門のヴァインケラー（ワイン専門地下酒場）もあるが、日本の大衆ビヤホールに似ている。日本酒となれば、昔は日本でも、仕事帰りの労働者や職人たちが酒店の奥にあるテーブルを囲んで、ちょっとしたつまみなどだしてもらって、酒を立ち飲みしている光景が見られたものであったが、ヨーロッパではワインがこのように庶民的なものでもあるのだということを知ったのがまさに異文化体験であった。

庶民的というとしかしやはりドイツよりフランスやイタリア、スペインでの体験であった。一例だけ挙げてみたい。冬学期後の春の休暇中に、できるだけ多くの土地をめぐってみたい、そのために費用はできるだけきりつめる、というひどく欲張りな貧乏旅行に出かけ、そのおかげで体験できたことであるが、三月に入っても雨雲が低くたれこめているドイツとは別世界のように晴れ渡った空から春の陽光がふりそそぐ南フランスを歩いていた日々のことである。ある町の小さな食料品店で、いまでいうペットボトルだが当時の日本にはなく、ドイツ語でプラスティク・フラシェという呼び名しか知らなかったプラスチック製瓶入りの赤ワインを見つけ、路上の屋台で求めたサラミソーセージをはさんだロールパンとでフランス式昼食だと悦に入りながら、巴旦杏が花を咲かせている公園のベンチに腰を下ろし、そのワインをラッパ飲みしていると、近づいてきた老婆が、そのパンは固いだろうと言った。出し抜けに声をかけられ、逃げ腰になったが、この国はこんなパンしかつくれない、ひどい国だと文句を言いつづける彼女に、携帯していたコップを取り出して、あなたの国のワインはどうですか、と勧めると、にやりと笑って横に腰をおろしたので、それから二人並んでしばらく、ワインを飲みながら、彼女の陽気な口調の愚痴を聞いていると、それが半分も聞き取れないフランス語なのに、自分もずっと以前からこの町に住んでいるような、あるいは映画の一場面にいるような錯覚にしばし陥ったものであった。留学滞欧中には、シャンペンが抜かれ、高級ワインが供されるという場に招かれたこともあり、これまたヨーロッパの生活習慣の伝統にはじめて接するまれな機会であったが、このような晴れがましい場に居合わせたことより、むしろたとえばスペインのトレドのいまだ中世のままではないかと思うような佇まいの路地の居酒屋で、オリーブの種を床に吐き散らしながらワインを飲み、談笑する男たちの仲間入りをした体験のほうが印象深いものであった。

ヨーロッパのワイン文化について、あらためて組織的な関心を私が抱くようになった時には、日本に外国ワインがかなり出回るようになり、また日本各地でもワイン造りが見られるようになっていた。留学当時のワイン体験からもうかなりの年月も過ぎていたし、留学後にまた渡欧する機会も少なくはなかったのではあるが、ヨーロッパのワイン文化について、関連文献を調べてみたいと思い立つように心を動かしたのは、やはり最初の滞欧生活の折りのあの鮮烈な体験の記憶ではないかと思っている。そして本書の表題からしても、自分の鮮烈な体験の記憶からいっても、イタリアやスペインについて章を設けるのは、当然のことだという思いを抱きながら、本文の註のいくつかにおいて言及したように、古代ローマ帝国の滅亡後、ワイン文化には近代まで否定的な役割を演じてきた複雑な歴史過程を両国はそれぞれに歩んでおり、その事情にまで、ワインを軸にした叙述の筆の及ばなかったことをお断りしたい。

なお、本書を出版するにあたり、八坂書房の八尾睦巳氏に、地図、図版などの割付のみならず、なかにはかなり以前に書き散らしたままの部分も多い原稿の丁寧な点検から貴重な示唆にいたるまで、今回もまた色々とお世話になった。心よりお礼を申し上げたい。

著者

索 引

【カ】

[著者略歴]

内藤道雄（ないとう・みちお）

1934年姫路生まれ。

京都大学大学院修士課程（独文専攻）修了。

現在、京都外国語大学教授（京都大学名誉教授）。

最近の主要著訳書：『詩的自我のドイツ的系譜』（同学社、1996年）、『シェリングとドイツ・ロマン主義』（共著、晃洋書房、1997年）、『聖母マリアの系譜』（八坂書房、2000年）、『ドイツ詩を学ぶ人のために』（共編著、世界思想社、2003年）、K.シュライナー『マリア―処女・母親・女主人』（法政大学出版局、2000年、W.ヒルビヒ『私』（行路社、2003年）。

ワインという名のヨーロッパ―ぶどう酒の文化史

2010年 3月25日　初版第1刷発行

著　者　内　藤　道　雄

発行者　八　坂　立　人

印刷・製本　モリモト印刷（株）

発行所　（株）八坂書房

〒101-0064　東京都千代田区猿楽町1-4-11

TEL. 03-3293-7975　FAX. 03-3293-7977

URL　http://www.yasakashobo.co.jp

ISBN978-4-89694-952-0